スポーツによる地域振興

その視点と具体的アプローチ

慶應義塾大学 神成研究室
神成淳司 [illegible]

三修社

目次

第3章　スポーツと地域振興について考える ——寄附講座の講義内容とワークショップ課題

第4章　スポーツを地域振興に活かすための視点

はじめに

２０２４年、我が国のプロ野球は90周年を迎え、また、Ｊリーグは２０２３年に30周年という節目の年を迎えました。長い年月にわたり人々に親しまれてきたプロスポーツですが、地域振興の原動力として政府が本格的に注目し始めたのは、わずか10年ほど前のことです。

近年、新型コロナウイルス感染症の流行や円安の進行等、厳しい社会経済情勢により地域経済は大きな打撃を受けています。こうした中、地域社会の持続的な発展を目指した多様な取り組みが実施されており、中でもスポーツ産業は成長が見込める分野として注目を集めています。２０２０年東京オリンピック・パラリンピック競技大会を契機に発足したスポーツ庁は、関係省庁と連携しながら様々な施策を推進しています。

スポーツ産業には、イベント興行やプロスポーツ誘致による地域経済の活性化、健康増進、教育効果、新規ビジネスの創出等、多様な波及効果が期待されています。

しかしながら、その成長スピードは欧米諸国と比較して大きく遅れをとっており、急速な拡大が求められている分野でもあります。

このような背景のもと、慶應義塾大学では２０２３年秋学期に、ゼビオグループ様の寄附講座として「スポーツによる地域振興」を開講しました。本講座では、スポーツを核とした地域振興に焦点を当て、スポーツ産業の最前線で活躍する方々を講師としてお招きしました。講座では、講師の皆さまに最新の情報や知見をご教示いただくとともに、提示された課題について学生たちがグループで検討し発表するワークショップを実施しました。

課題には、講師の皆さまが実際のビジネスで直面している事柄を提示していただき、臨場感あるワークショップを展開することができました。学生たちが出したアイデアや企画をもとに、講師とのディスカッションを通じて考察を深めていく過程を実践できたことは、今後社会に出ていく学生たちにとって大きな糧となることでしょう。

本書は、この寄附講座を通じて共有された様々な知見や提起された問題意識をより多くの方々と共有することで、我が国のスポーツ産業の発展、そしてスポーツによる地域振興を考える一助となることを願い、取りまとめられました。

この場をお借りして、今回の講義にご参加いただいたゲストの皆様、および寄附講座の開設を通じてこのような知見の集約を可能にしてくださったゼビオホールディングス株式会社様に、深く感謝申し上げます。

中村 考昭氏
ゼビオホールディングス株式会社　副社長執行役員
クロススポーツマーケティング株式会社 代表取締役社長兼執行役員
東京ヴェルディ株式会社　代表取締役社長
東北アイスホッケークラブ株式会社　代表取締役

熊本 浩志氏
ａｍａｄａｎａ株式会社 代表取締役社長
株式会社アマダナスポーツエンタテインメント 代表取締役社長
東京ヴェルディ クリエイティブセンター長／ベースボールチーム ＧＭ

鈴木 啓太氏

ＡｕＢ株式会社 代表取締役

長尾 樹氏

ＪＳＰＯアスレティックトレーナー

鍼灸師／あん摩マッサージ指圧師

ＭＦＡインストラクター

第1章

スポーツを取り巻く環境の変化、スポーツ庁の取り組みから見えてきた課題

我が国のスポーツを取り巻く環境は、この十数年で大きく変化しています。社会の変化を受けて、一人ひとりのスポーツへの参加のしかたに変化があり、またスポーツ庁が中心となり推進した関連施策からの影響も見られます。

少子高齢化が進む中、地域振興策の一環として、全国の自治体がスポーツ関連事業に取り組んでいます。特に、大型の街区開発や地域の新しい取り組みの中心に、スポーツを据えることが一般的になっています。

本章ではここまでのスポーツ庁の取り組み内容を振り返りながら、そこに潜む課題について検討します。

国としてのスポーツへの取り組み

東京2020オリンピック・パラリンピック競技大会開催決定を機に動いた「スポーツ政策」

政府としてのスポーツへの取り組みは、1872（明治5年）、国民の体格・体力改善を目的に小学校の教科に「体術」（体育）を取り入れたことが始まりとされています。以降、時代の変遷に伴い、形を変えながら現在まで取り組みは続いています。

近年の我が国におけるスポーツ政策に影響を及ぼした出来事は、やはり、東京2020オリンピック・パラリンピック競技大会（以下、2020東京大会）の開催でしょう。2020東京大会の開催が決定したのは2013年でした。それを契機にスポーツを取り巻く環境は大きな変化を始めます。

2015年10月、「スポーツに関する施策を総合的に推進するため」（スポーツ基本法附則第2条）、政府はスポーツ庁を設立しました。

以前の文部科学省管轄のスポーツ振興は、地域スポーツや、学校での体育、国際大会で

グローバルのスポーツ市場

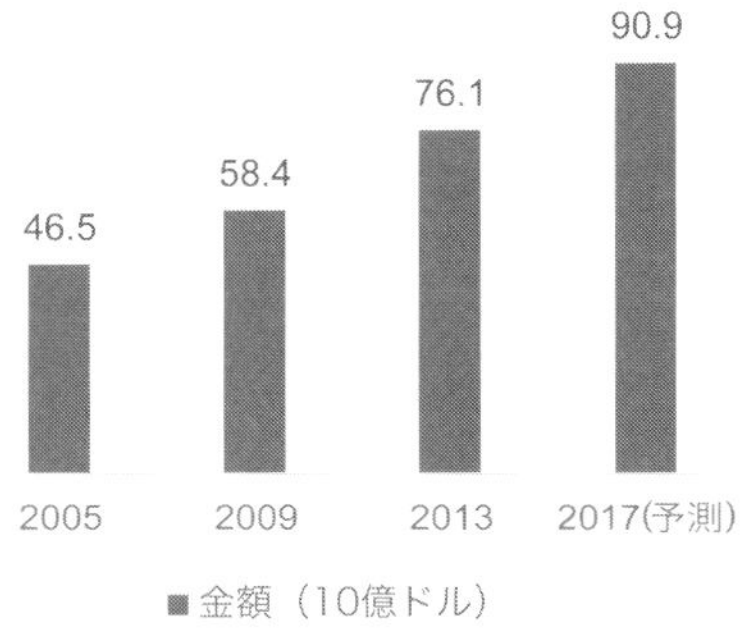

成長率

	2005-2009	2009-2013	2013-2017
Football	8%	9%	5%
U.S. sports	5%	5%	4%
Formula 1	3%	4%	4%
Tennis	2%	5%	3%
Golf	3%	2%	4%
Other	11%	9%	9%
Total	**6%**	**7%**	**5%**

グラフ・表　出典：A.T.Kearny Winning in the Business of Sports(2014)

・上記は、チケット収入、放映権、スポンサーシップによる収入の合計を示すグラフ（2013年には761億USD規模）
・グッズ販売、スポーツ用品、フィットネス等を含めると、7,000億USDの規模となり、グローバルのGDPの1%を占める非常に大きな産業

我が国スポーツ市場規模の過去10年の動向

（単位：億円）

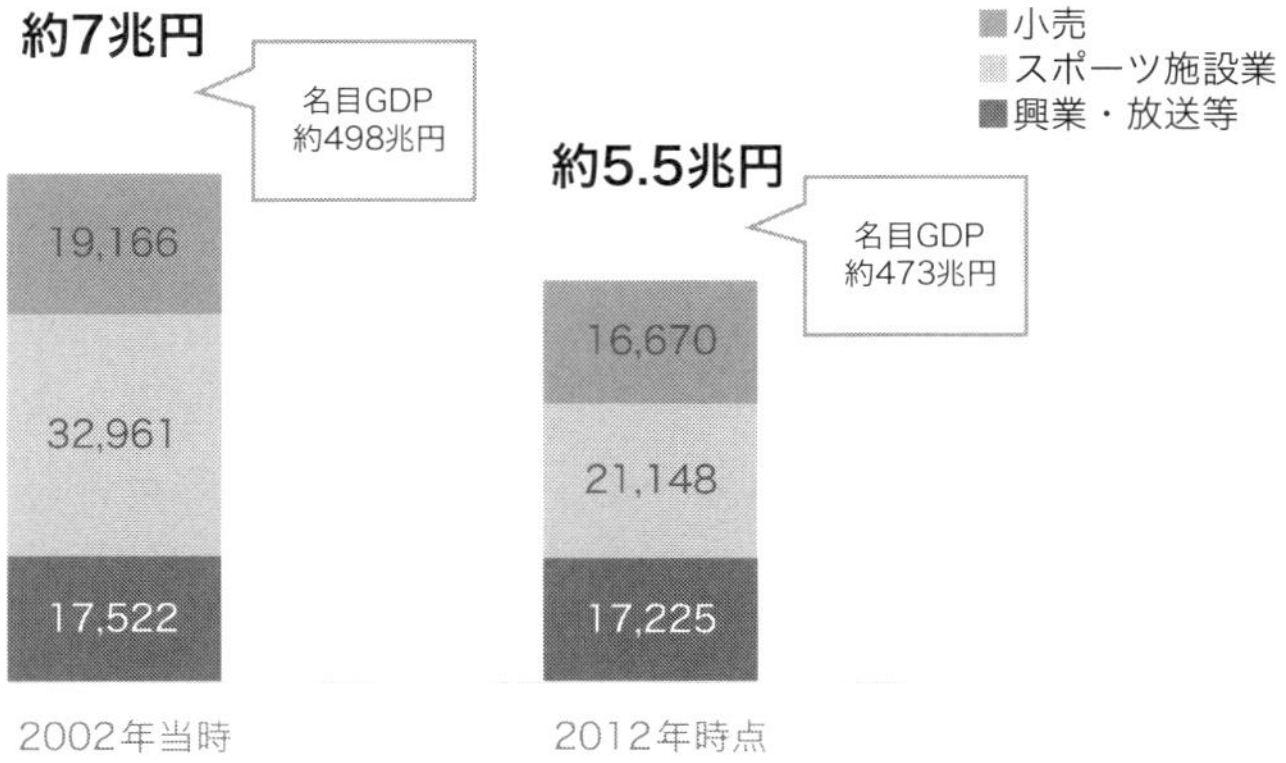

・日本国内のスポーツ市場は、グローバルの流れに反して、2002年から2012年の10年間は縮小傾向
・スポーツ市場は、グローバルでは成長を続ける市場であるため、国内においてもその拡大が期待される

グローバルのスポーツ市場と日本国内のスポーツ市場
出典：新たなスポーツビジネス等の創出に向けた市場動向（平成30年3月）

の競技力向上等に重点がおかれてきましたが、スポーツ庁では、スポーツ基本法に定められたように、スポーツを通じた健康増進、地域活性化、国際的な地位向上等に向けて、多様な施策を推進することが役割として求められています。

そして、２０１６年に政府が掲げた成長戦略「日本再興戦略２０１６」で、新たに創出される有望成長市場のひとつとして「スポーツ・文化の成長産業化」が挙げられています。ここでは、具体的なＫＰＩとして、以下が示されました。※1

・スポーツ市場規模（２０１５年：５・５兆円）を、２０２０年までに10兆円、２０２５年までに15兆円に拡大することを目指す。
・成人の週１回以上のスポーツ実施率（２０１６年：40・４％）を、２０２１年までに65％に向上することを目指す。

当時のスポーツ市場規模は5・5兆円で、２００２年当時の7兆円と比べて減少していました。特に、我が国の主要なプロスポーツリーグである野球とサッカーでは、世界のトップリーグと比べると、30年前にはほとんど差がなかったものの、現在では約3倍から5倍の差が生じています。世界がスポーツをビジネスとして捉え、成長産業として位置づけていたにもかかわらず、我が国は明らかに出遅れていたという状況だったのです。

スポーツと他分野の融合

2017年にスポーツ庁が発表した第2期スポーツ基本計画では、スポーツの主役は国民であり、さらに加えて、国民に直接スポーツ機会を提供するスポーツ団体等も主役であるとし、国民、スポーツ団体、民間事業者、地方公共団体、国等が一体となって施策を推進していくことが必要と提起しています。

その中で「スポーツと他分野の融合によりスポーツ市場拡大を推進」として、スポーツ分野と他分野との密接な連携が価値創出に有効であることが打ち出されました。

スポーツコンテンツを起点とし、地域が密接に関わることで、地域の産業の価値も高まり、社会課題を解決するという考え方です。

スポーツを支えるサービスは、テクノロジーの進展により、新たなビジネスを生み出しています。

それはドローンやセンシング機器を活用したトレーニングのように、スポーツに直接関わるようなサービスにとどまらず、別の産業にまで波及し、発展を続けています。

※1　内閣官房「日本再興戦略2016─第4次産業革命に向けて─」

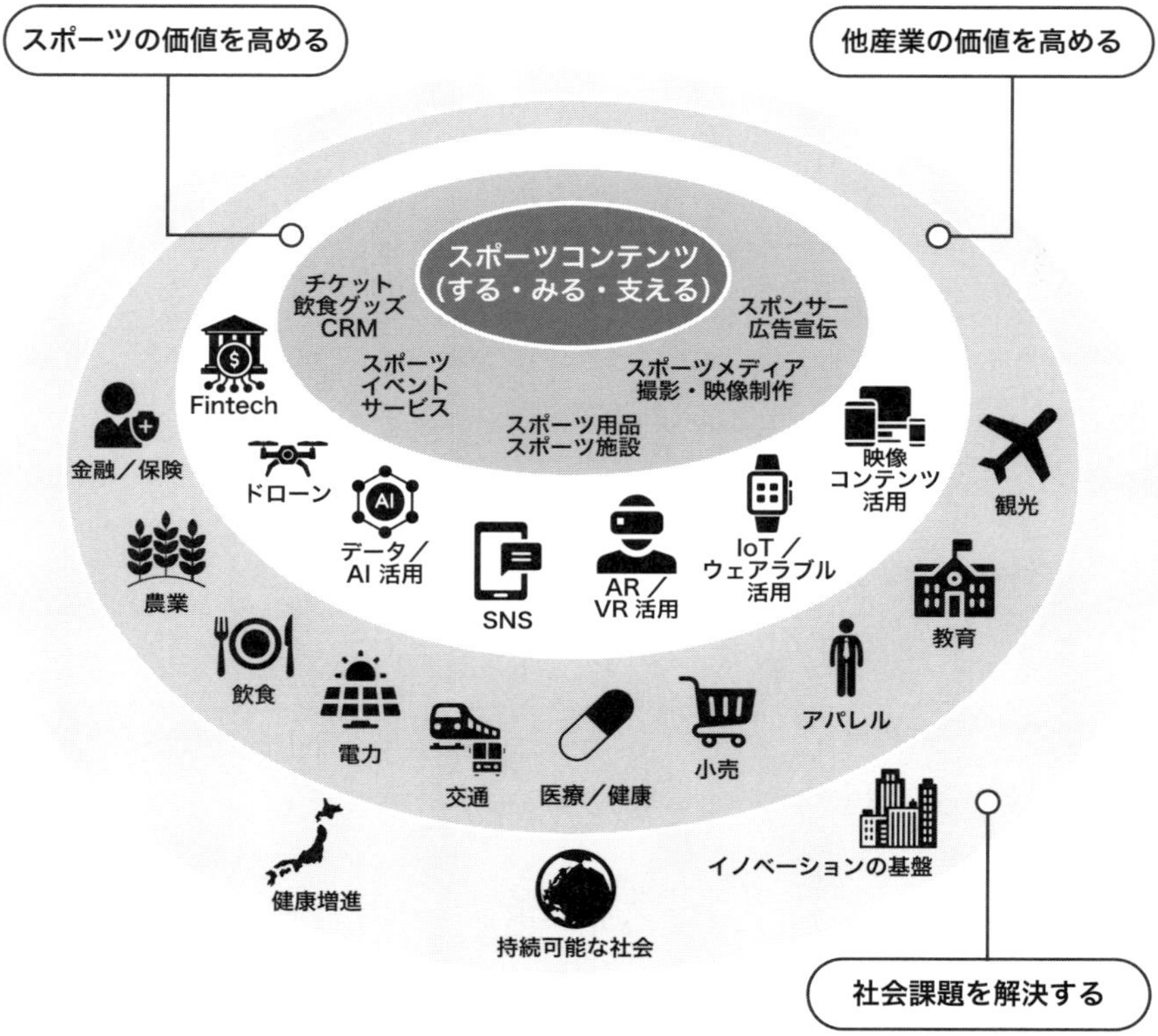

スポーツと他分野の融合によりスポーツ市場拡大を推進
出典：スポーツ庁 Web サイト

デジタルでの決済により、リセールサイトで観戦チケットの譲渡が安全にできるようになったり、ＳＮＳでスポーツ観戦時や観戦前後の情報を発信することで、オススメとして投稿された飲食店やグッズ等が取り上げられ、新たな需要が掘り起こされるようなこともあります。また、スポーツの分野で先行的に進められたスマートウオッチを使って歩数や運動を計測する仕組みは、その履歴を保険会社が活用することで保険料が変動するようなサービス等がすでに実装されています。さらに米国ではプロスポーツチームが株式化され、一般の株と同様に取引できる市場も登場しています。

スポーツ庁はこれらのスポーツと関連したスポーツ以外の産業が発展することで、人々の健康増進や、持続可能な社会形成の力となり、社会課題の解決へと結びつくことをイメージしています。

これらの新たなサービスを生み出すイノベーションを適切に地方へ展開することによって、今後の「スポーツによる地域振興」が可能になると考えられます。

地域振興とスタジアム・アリーナ改革

政府は従来から公共体育・スポーツ施設整備のための補助を行い、全国各地でスポーツ施設の建設を促進してきました。地域に整備された公営の体育館等は、地域のスポーツ仲間やスポーツ教室、部活動の地区大会、そして各県持ち回りで開催される国民体育大会

(2024年佐賀県での大会から国民スポーツ大会に改め)等で活用される、住民がスポーツを「する」ことに主眼をおいた施設であり、自治体が建設し、自治体が運営するいわゆる「公設・公営」で運用されてきました。

これらの昭和の時代に建設された施設は時を経て老朽化が進み、改修の時期に入っています。

従来、自治体が施設を建設する際に指摘されてきたのは、施設を建設することに重点を置き、結果として建物ができたものの、実際の運用がうまくいかない事例が散見されることでした。いわゆる「ハコモノ行政」と呼ばれる状態です。公的資金を投入し、公共サービスの延長線上で運営されてきたため、地域住民にスポーツをする機会を提供する拠点として活用する一方で、収入源に乏しく、赤字が常態化している施設も少なからず存在しました。

スポーツ施設が地域にあることは、地域住民とスポーツの接点を確保するという点で大変重要です。ただし、人口が減少し、それに伴い税収も減少する中で、従来のやり方で施設を維持し続け、老朽化した施設を改修するのは難しいという課題がありました。

事態を打破するために打ち出されたのが、住民がスポーツを「する」だけの施設から、「みる」ことを前提とし、収益を得ながら地域の振興も目指す「スタジアム・アリーナ改革」

でした。

スポーツ庁と経済産業省は2016年2月に開始されたスポーツ未来開拓会議で検討された内容を基に2016年に『スタジアム・アリーナ改革 ガイドブック』をまとめ、さらに未来投資戦略2017（2017年6月閣議決定）において、2025年までに20か所のスタジアム・アリーナの実現を目指すことを具体的な目標として掲げました。

スポーツ未来開拓会議の中間報告では「スポーツ観戦に伴う顧客経験価値（＝カスタマーエクスペリエンス）を高めるための飲食・物販・宿泊等附帯施設のスタジアム・アリーナ関係の整備が重要である」とし、従来のスポーツを「する」ことに主眼を置かれた施設から、スポーツを「みる」施設への改革を提唱しました。また「スタジアム・アリーナへの大規模投資によるスポーツを核とした街づくりは、人口減少下での地域活性化につながり、波及効果を大きく促進するインフラ投資であると考えられる」と言及し、スポーツ施設による地域活性化という考え方を導入しました。

スタジアム・アリーナ改革では、スタジアムやアリーナが地域のシンボルとして多面的な価値を創出し、そのために必要な機能を持ち、運営能力を集める中心地となることを目指しています。それは従来の赤字、あるいは予算内でまかなえればよしとしたコストセンターから、金銭的、さらには社会的な価値を生み出すプロフィットセンターへの改革を意味します。

具体的に言えば、スタジアム・アリーナを地域のどこに建てて地域内外から人々をどのように呼び込むのか、来訪者に施設での催し物以外に、地域の周辺も含めて楽しんでもらえるようなサービスやエンタテインメントを提供し、結果としてどうやって地域全体の振興へとつながるかを建設前から入念に検討し、実行に移すというものです。

これには前段で述べたような、ビジネス創出の観点が必要とされます。つまり、従来の公共サービスの延長線上で企画運営されてきたものとはまったく異なるアプローチが求められているのです。

このようなスポーツと地域振興を合わせた新たな形の施設を実現するためには、従来からの自治体が中心となる「施設を建設し、維持するだけ」の状況を脱却しなければなりません。そして、構想、計画、設計、建設、運営すべてに渡る基本的な在り方として「官民連携」を積極的に推進し、民間企業や地域の人材の力、なによりもビジネス感覚を取り入れた新たな形のスタジアム・アリーナづくりと持続可能な運営が必要とされています。

スポーツ庁が２０２３年までに選定した「多様な世代が集う交流拠点としてのスタジアム・アリーナ」のうち、「運営・管理段階」または「設計・建設段階」の施設は表のとおりです。

名称	所在地
ES CON FIELD HOKKAIDO（エスコンフィールドHOKKAIDO）	北海道北広島市
FLAT HACHINOHE	青森県八戸市
横浜文化体育館再整備事業	神奈川県横浜市
桜スタジアム（大阪市立長居球技場）	大阪府大阪市
東大阪市花園ラグビー場	大阪府東大阪市
ノエビアスタジアム神戸（神戸市御崎公園球技場）	兵庫県神戸市
アシックス里山スタジアム（FC今治新スタジアム）	愛媛県今治市
ミクニワールドスタジアム北九州（北九州スタジアム）	福岡県北九州市
SAGAアリーナ	佐賀県佐賀市
京都府立京都スタジアム（サンガスタジアム by KYOCERA）	京都府亀岡市
オープンハウスアリーナ太田（太田市総合体育館）	群馬県太田市
沖縄アリーナ	沖縄県沖縄市
長崎スタジアムシティ（2024年秋開業予定）	長崎県長崎市
IGアリーナ（2025年夏開業予定）	愛知県名古屋市
TOKYO A-ARENA（仮称・2025年秋開業予定）	東京都江東区
川崎新アリーナ（仮称）（2028年秋開業予定）	神奈川県川崎市
等々力緑地　球技専用スタジアム、新とどろきアリーナ（2029年開業予定）	神奈川県川崎市

スポーツ庁が選定した「多様な世代が集う交流拠点としてのスタジアム・アリーナ」のうち、「運営・管理段階」又は「設計・建設段階」の施設

地域スポーツコミッション

スタジアムやアリーナがいわゆるハードウェアとすれば、その中で動くコンテンツがなければ活用できているとは言えません。プロスポーツの興行等も重要なコンテンツのひとつですが、アマチュアスポーツの大会やイベントの開催には別の運営方法が必要となります。また、地域社会に向けた支援では、よりきめ細やかな対応が求められます。

その力としてスポーツ庁が推進しているのが「地域スポーツコミッション」という枠組みです。

地域スポーツコミッションとは地方公共団体とスポーツ団体、観光産業等の民間事業者が一体となり、持続性のあるスポーツイベントの開催や大会・合宿の誘致等により交流人口の拡大と地域コミュニティの形成・強化を目指す組織です。

地域スポーツコミッションは、２０１１～１２年頃からスポーツツーリズムを地域で推進する原動力となる組織として推奨されてきました。例えば２０１１年に設立された最初の地域スポーツコミッション「さいたまスポーツコミッション」（埼玉県さいたま市）は、さいたま市へのスポーツイベントの誘致と開催支援を通じて観光や交流人口の拡大を図り、スポーツの振興と地域経済を活性化することを目的として、当時のさいたま観光コンベンションビューロー内で事業化されています。

その後、地域スポーツコミッションは、スポーツツーリズムやスポーツイベントの運営以外にも、地域におけるスポーツ活動を支える役割を担う組織へと役割が拡大し、その活動内容は各々が地域の特色を反映したものとなっています。

全国の地域スポーツコミッションは「大会誘致開催型」「合宿誘致型」「健康づくり型」と、それら3つの特徴を併せ持つ「総合型」に分類され、各地域の異なる課題に応じた構成員のもと、目的を持って活動している、との報告もあります。※2

行政と地元企業が手を組むことでスポーツイベント等をさらに盛り上げ、地域に収益をもたらし、スポーツ活動による地域住民の健康増進等につなげる役割が期待されています。

2015年にスポーツ庁により事業化された地域スポーツコミッションについては、いくつかの課題も指摘されています。例えば、約6割が2015年以降に設立された若い組織であること、民間主導の組織は3割以下と少ないこと、また、6割の組織は事業規模が1000万円未満と小さいこと、専任スタッフがいる組織は3割強にとどまること、等が挙げられています。※3

※2 細田隆・瀬田史彦「地域スポーツコミッションによる地域活性化のあり方に関する研究」
※3 一般財団法人 日本スポーツコミッション「地域スポーツコミッションの実態」

これらの課題は今後の持続可能性に懸念があることを示唆しており、地域スポーツコミッションのあり方については今後も検討を重ねていくことが必要だと思われます。

スポーツ×地域振興は本当に実現できるのか？

スポーツ庁の取り組みは、従来の体育教育の延長にあったようなスポーツを「する」人の活動支援や、スポーツを健康のために奨励する、といった直接的な動きから進化しようとしています。スポーツを収益が得られる「みる」コンテンツとしてとらえ、その市場価値を高めること、そして、その経済活動がスポーツを「支える」他の産業の活性化を促し、地域振興となることまでを考えているところが大きな変化です。

２０１５年以降、「スポーツが社会を活性化する」という考え方のもと、スポーツによる地域振興に向けた取り組みが進められ、現在、先行したプロジェクトの多くが準備の最終段階を迎え、本格稼働の時期となっています。また、新しい運営組織が作られ、新しい取り組み方を模索している地域が登場してきています。

スポーツ施設を起点にしたまちづくりのために、地域の活性化と施設そのもののプロフィットセンター化を目指す取り組みはまだ始まったばかりです。スタジアムやアリーナは最低でも数十年は運用される施設であり、まちづくりも長い時間をかけて徐々に行われるものです。そして、従来の慣習や人の意識は一朝一夕に変化するものではありません。取り組みの成否が見えるにはもう少し時間が必要になるでしょう。

そしてスポーツに関わる人口を増やす、と一言で言っても、我が国の人口は減少傾向で、若年層の人口はさらに減少することが予測されています。その中でどのような手を打っていくのか、課題は山積しています。

次章では、実際の事例を織り交ぜながら、スポーツが地域に好影響を及ぼし、実際に地域振興につながるためには何が必要なのかを考えていきます。

【コラム】スポーツと体育はどちらも大切なもの

２０２０年、10月の祝日である「体育の日」は、「スポーツの日」と名称が変更されました。さらに２０２４年から「国民体育大会」（国体）も、「国民スポーツ大会」（国スポ）という名称となりました。

変更の理由は、２０１８年の衆議院本会議で「平成三十二年東京オリンピック競技大会・東京パラリンピック競技大会の開催を好機と捉え、スポーツを通じて世界各国と協調していくため、世界的に広く用いられているスポーツの語を基本的に用いることが望ましい」と語られたこととされています。

しかし、そもそも、体育とスポーツは単純に差し替えられるほど、同質なものなのでしょうか？

結論から言うと、スポーツと体育は役割が違うものと考えられます。

「体育」と言うと、どうしても授業でやらされる運動のイメージがあり、戦前の体育教育の印象等と相まって、ネガティブに語られがちです。

しかし、体育はそもそも学校教育の一環として、国語や算数、音楽等と同じように学習していくものです。

学習は子どもたちが生涯にわたって必要な能力や知識を得るための大切なことです。国語で言語への理解と関心を深め、算数で数や形の意味や扱い方と日常で使う計算を覚え、音楽では音楽を形作っている要素に触れながらイメージや感情に関わっていることを知っていきます。同じように体育は何より健康で安全に生きていくのに必要な「身体能力」「態度」「知識、思考・判断」等を身につけ、その上で運動やスポーツに親しむのに必要な素養を身につけことを目的としています。

昨今は、スポーツは楽しいから正しい、体育は楽しくないから悪い、という風潮があります。しかし、国語でも文字を習う時には書き取りを繰り返し、算数では九九を苦労して丸暗記します。それは楽しいことではないですが、不要だと言う人はいません。必要だからやっているのです。

同じように、例えば体育で逆上がりを練習するのは運動において自分の身体能力を知り、できなかったことが練習によってできるようになるという成功体験を手に入れるためです。運動が苦手な子にまで無理強いをしているわけではなく、難易度が高そうに感じるけれども練習すればできる子が多いのが逆上がりで、できるようになるまでの過程で、遊び感覚で身体についての大切なことを学べるから、学校の授業で取り組むことが多いのです。

　一方でスポーツは運動すること自体を楽しんだり、競技力を競い合うことを目的としています。勝ち負けが明確であったり、記録更新を目指したりもしますが、何よりも身体を動かすことを楽しむためにやるものです。

　このように、まったく役割や目的が違うものを同列で語ることは誤解も生じさせます。改めて、体育もスポーツもどちらも大切で必要なものであることを理解しなければなりません。

「体育」という言葉はカレンダーや大会から消えますが、その役割と重要性は変わりないのです。

第2章

スポーツの力を最大限に活用するために

スポーツ庁が多角的に進めている施策を、その方針に沿って実行するのは自治体や企業です。方針が定まっていても、それを地域にフィットする形で適用し、運用できるかが課題となります。

では、実際にスポーツを地域振興に結びつけるためにはどのような視点を持ち、アクションを起こしていけばよいのでしょうか。

本章では、実際に動いている事例とともに考察していきます。

どうしたらスポーツで盛り上がる地域をつくれるのか

第1章で述べたように、スポーツ庁が推進するスタジアム・アリーナ改革により、全国各地に大規模なスポーツ施設が生まれています。

これらの最新の大規模なスタジアム・アリーナは、主にプロスポーツの本拠地として活用されています。そして、あらかじめコンサートやイベント等を開催するための設備を備えることで、効率的な施設の活用も考慮されています。また、従来のような地域住民がスポーツをする場としての利用も考慮しながら、年間を通してプロスポーツのシーズンを問わず、効率のよい活用を実現するための体制が作られています。

スタジアム・アリーナ、体育館やコート等はスポーツをしたり、観戦したりする場であり、人が大勢集まる場として機能しますが、ただやみくもに施設を建てればスポーツを起点に地域が活性化するわけではありません。

いつ、誰が、どのようなスポーツをするのか。今までスポーツに縁がなかった人や、興味があっても参加していない人をどう巻き込んでいくのか。また、スポーツ以外の施設利用はどのようなものが見込めるのか。さらに、効率的に運用するための管理業務やサポートは誰が担うのか等、考えなければならないことは山積みです。

また、コンテンツとしてのスポーツを考えるにあたり非常に大切なことの1つに、地域の持つ特性があります。地域の歴史的背景や地形、気候等その要因は様々ですが、地域によって盛んなスポーツは異なるのです。

その地域ではどのようなスポーツの人口が多いのか、人気があるのか、また、どのようなスポーツであれば地域で参加する人を増やすことができるのかを考えることは、最も重要なことでしょう。

逆に、まだ普及していないスポーツの拠点としてスタートし、国内で最も盛んな地域を目指すという考え方もあります。近年、スポーツクライミングやスケートボード等、オリンピックにも新たな種目が増えていますので、そこに勝機を見いだすこともできるかもしれません。

ここではスポーツを中心として地域振興を目指す多くの取り組みのなかから、いくつかの事例を取り上げ、その成り立ちと現在の姿をまとめます。

スポーツと地域の独自の関係

事例：琉球ゴールデンキングス（沖縄県沖縄市）

琉球ゴールデンキングスは沖縄県沖縄市をホームタウンとするプロバスケットボールチームです。

Bリーグの前身となるbjリーグ3シーズン目の2007～08シーズンより参戦し、参戦1年目こそ西地区最下位という結果でしたが、2年目となる2008～09シーズンでは西地区第1位、プレイオフで優勝と、チーム結成わずか2年で頂点を極めました。その後もbjリーグで4度の優勝、Bリーグで2017～18シーズンから西地区で6連覇、2022～23シーズンで日本一となる等、誰もが認める強豪チームへと成長しました。

■プロスポーツ不毛の地にプロバスケットボールチームを

沖縄県では中学生の約20％がバスケットボール部に所属し、小学校の数よりもミニバスケットボールのチームのほうが多いと言われているほど、バスケットボールが盛んな地域です。

一方で地域の特性として、プロチームが育ちにくいという課題を抱えていました。他県から離れた沖縄では、プロチームがビジターとして他県でプレイする場合に長距離の移動が必要となります。移動の負担が大きく、遠征費がチーム運営を圧迫することや、市場規模、地域の経済的要因等によりプロスポーツチームが育ちにくく、「プロスポーツ不毛の地」とまで言われていました。

そのような地域にプロチームを誕生させたのは、学生時代に留学先のアメリカでＮＢＡに魅了された木村達郎氏でした。志を共にする仲間とともにｂｊリーグへの参戦を目指し、沖縄にプロチームを作ることを決意し、「沖縄にプロバスケを！」事務局を立ち上げたのです。

沖縄県は地元民「ウチナーンチュ」と県外の人間「ナイチャー」を分けて考える人も多い土地柄です。「沖縄にプロバスケを！」の運動も、県外の人間である「ナイチャー」が立ち上げたプロジェクトということで、当初は地元の賛同を得ることが難しかったといいます。木村氏やその仲間は地元の有力者やバスケットボールファン等とのつながりを丁寧に深めながら各所との交渉を粘り強く続けていきました。その結果、地道で熱意ある努力に共感し、賛同する地元の人々が現れ、活動は徐々に拡がりをみせます。そして２００６年にｂｊリーグ参戦の承認を経て、沖縄県初のプロスポーツチームとして「琉球ゴールデンキングス」が誕生しました。

■Bリーグで最も観客を集めるチームへと成長

発足当初は成績も思うように上がらず、経営的にも苦労が絶えませんでした。そもそも今までプロスポーツを観戦する習慣があまりない土地柄で、観客はバスケットボールの試合を「有料」で観戦するという感覚が欠如していたのです。しかし、2年目にチームが大躍進し、日本一となると一気に認知度と人気が加速。以降、「沖縄をもっと元気に！」という理念のもと、地元に根差し愛されるチームとして、現在もB1リーグの強豪として活動を続けています。

2022~23シーズンはチャンピオンシップも含めたB1ホーム公式戦全34試合の総観客数は238、176人で、ホームゲーム総観客数が20万人を超えた唯一のチームとなり、入場料収入は約10・1億円でリーグ全体1位となりました。この金額は試合数の違い等はありますが、サッカーのJ1リーグのトップクラスと並ぶ金額です。

■ワールドカップ開催等、地域の活性化へとつながっていく

2023年6月に行ったBリーグ優勝パレードでは約2万人が地元の商店街に集まりました。ホームゲーム開催日には沖縄市の繁華街コザと会場を結ぶシャトルバスを無料運行し、試合前後に観客がコザに立ち寄る人流を作り、商店街への経済効果も生んでいます。

また、2023年にはFIBAバスケットボールワールドカップが沖縄アリーナを会場

として開催され、沖縄県は県内の経済効果が107億2000万円（速報値）に上ったと発表しています。

そして、この動きは他のスポーツへも波及しています。2024年現在、沖縄県のプロスポーツチームは琉球ゴールデンキングスの他にも卓球Tリーグに所属する琉球アスティーダ、サッカーJ3のFC琉球OKINAWA、日本ハンドボールリーグ所属の琉球コラソンがあります。

「沖縄ではプロスポーツは育たない」という既成概念を覆した琉球ゴールデンキングスの成功事例が他のスポーツへと影響を与えたとも考えられます。

参考資料：木村達郎「琉球ゴールデンキングスの奇跡」（株式会社　学研パブリッシング）
　OUTNUMBER「琉球ゴールデンキングスが集客力トップになった要因は？　歴代の観客動員数を振り返る」
　日本経済新聞「バスケ琉球、入場料収入10億円　アリーナ埋めるライト層」

事例：フラット八戸（青森県八戸市）

フラット八戸は、青森県八戸市内にある常設アイスリンクであり、多目的アリーナでもあります。JR八戸駅から徒歩2分という絶好の立地にあり、アイスリンクでありながら体育館やイベント施設としての使用も可能な「フロアチェンジ機能」を持つ国内初の施設で、リンクの上部に可動式の断熱床を重ねることでバスケットボールの試合や各種イベントの開催が可能です。

アイスホッケーチーム「東北フリーブレイズ」のホームリンクとして年間20試合以上が開催されるほか、市民への一般開放等も行われています。

■市が土地を貸与し民間で建設、運営

八戸市はアイススケートやアイスホッケー等が盛んで、東北地方随一の「氷都」と言われています。冬季国体開催回数は日本一であり、アイスホッケー競技人口は全国の1割を占めており、スケート場の利用率の高さと競技人口の多さも日本一クラスを誇っています。

八戸市は、2010年代に区画整理中だった八戸駅西側に集客力のある施設の誘致を検討していました。また同時期に老朽化したアイスアリーナを閉鎖したことに伴い、新たな施設の整備を模索していましたが、それに関する膨大な整備・運営費用が課題となっていました。

フラット八戸を運営するクロススポーツマーケティング株式会社はスポーツ用品業界大手ゼビオグループの傘下にあり、地元のアイスホッケーチーム「東北フリーブレイズ」を運営する東北アイスホッケークラブ株式会社もグループ会社でもあります。

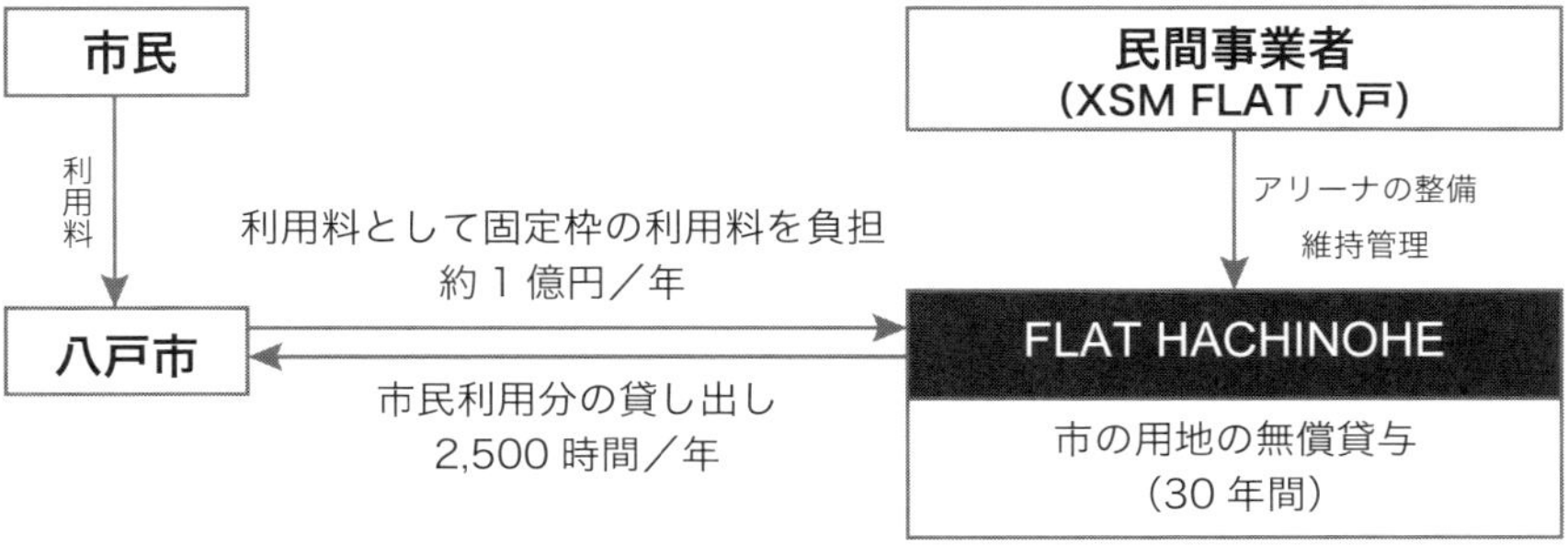

フラット八戸の事業スキーム
出典：スポーツ庁資料

東北フリーブレイズは自前のホームリンクが欲しいと考えながらも多額の建築費用や維持費をどのように賄うかという課題を抱えていました。

そこで、八戸市が用地を30年間無償で貸し出し、民間事業者が整備・運営する、新たなスキームが生まれました。八戸市は年間２５００時間の利用枠を借り受け、年間の施設利用料を支払うことで、各種スポーツ大会や練習、学校体育、市主催事業で活用しています。

この官民連携によって、八戸市は自らが新たなスケート場を整備することなく市民へのサービス提供が可能となりました。30年間の支出は市民利用枠の使用料の支出と事業者による固定資産税収入等を積算すると23・6億円程度と見込まれており、これは公設公営でアリーナを新設する場合の試算が48・2億円であったことから、市は大幅なコスト削減を実現しています。

また、民間事業者は土地の取得費用を削減し、八戸市から年間２５００時間分の利用料を確保できます。

加えて、それ以外の時間でアイスホッケーやバスケットボールの試合の開催、一般滑走等の営業活動を行うことで、一般的なアイスアリーナより高い稼働率での運営を実現しています。

■官と民の密接なコミュニケーション

八戸市とクロススポーツマーケティングによる官民連携モデルが成立した理由は、まず、八戸市の側に新しいこと、未知のことにチャレンジし、現状をブレイクスルーするという機運があったことです。八戸市のトップである市長、市職員、市会議員が持つ、先進を取り込む姿勢、判断の鋭さ、リーダーシップの強さは特筆されるものでした。

また、クロススポーツマーケティングの側が八戸市のそうした熱量を持った動きにうまく合わせ、ビジネスとしての最適解に近づけるよう調整していく能力とノウハウを持っていたことが、地域が持っていたポテンシャルを十分に顕在化し、結果として持続的な発展を実現できるモデルを生み出す原動力になっています。

参考資料：Sustainable Smart City Partner Program「多目的アリーナで地域活性。八戸市の先進的な官民連携モデル」

スポーツを誘致することで新たなムーブメントを作る

事例：ムラサキパークかさま（茨城県笠間市）

ムラサキパークかさまは、2020東京大会が開催された2021年4月に開園しました。

国際規模の大会やイベントが開催可能なオールコンクリートのスケートパークで、初心者から上級者まで楽しめるようなセクション構成となっており、オリンピックの直前にはアメリカ、フランスの代表が笠間市で事前キャンプを行いました。

茨城県笠間市が以前からスケートボード等のアーバンスポーツが盛んだったかと言えば、そうではなく、むしろ無縁だったと言えます。

■若い人を他の地域から呼び込みたい

茨城県笠間市は茨城県の中央部に位置し、県都水戸市に隣接する人口7万1千人あまりの市で、県の特産品である栗の生産や、笠間焼が有名です。

スポーツにおいては、合気道開祖、修練の地とされる神社と道場があり、市内にゴルフ場が9つある、ゴルフの町でもあります。

笠間市も他の地方都市と同様、人口の減少と老年人口の割合増加という課題を抱え、若年層を呼び込むための施策が必要とされていました。

その中で、2014年度から県と市で「笠間芸術の森公園」の魅力向上や地域活性化を検討し、最終的に公園内にスケートパークを整備することを決定しました。

笠間芸術の森公園は、茨城の新しい文化の発信基地として、伝統工芸と新しい造形美術をテーマとした総面積54・6ヘクタールの広大な公園です。笠間の陶炎祭をはじめとする市内の主要イベントの会場であり、陶芸の町を象徴するような陶造形物が屋外に展示され、県陶芸美術館、子どもの遊び場等の多彩な施設が整備されている、市民、県民の憩いの場です。

公園内のスケートパーク整備には、課題となっていた公園の若年層への訴求力強化や、広域からの誘客が見込めること、近隣にない施設であること、さらに2020東京大会の正式種目としてスケートボードが採用されたことも後押しとなりました。事業分担は、県が設計から施工を担い、市は一部施設の施工および管理運営を行うこととなりました。

■民間の力で魅力的なパークを運営

新たなスケートパークを整備するにあたり、自治体はスポーツ用品販売会社「ムラサキスポーツ」(東京)に設計段階から協力を依頼しました。設計にはスケートボード日本代表監督でムラサキスポーツの社員である西川隆氏も関わり、初心者から上級者まで楽しめる本格的なスケートパークを目指しました。

運営に関しては、スケートパークという施設の特殊性から「官」で管理運営し維持し続けることは困難だと考え、ムラサキスポーツに独立採算制の管理指定業者として運営を委託し、ネーミングライツも契約しました。

独立採算制の指定管理を導入した理由として、市の担当者は「コスト削減」と「施設の魅力向上」の2点をあげています。維持管理コストを低減しつつ、技術や経験を持つ指定管理者による利用者に寄り添ったサービスの提供や安全対策、選手の育成、日常の維持管理等で、利用者によりよいサービスを提供できていると言います。

パークにはムラサキスポーツのショップやスクールが併設され、市外、県外からも多くの人が訪れ、開園から半年あまりで1万人、開園2年目に3万人の来場を達成しました。

ムラサキパークかさま
出典：ムラサキスポーツ　プレスリリース

■スポーツコミッションとの連携でコンテンツを拡充

笠間市ではスケートパークの開園とともに、市とスポーツ団体・民間企業等で構成される新たな官民連携の団体として地域スポーツコミッション「笠間スポーツコミッション」を設立しました。

コミッションはハードウェアを運営する指定管理者をバックアップし、コンテンツとしてのスポーツイベントを拡充する役割を担います。

具体的には、日本スケートボード選手権等のハイレベルな大会の誘致や、ジュニア向けの合宿等を開催し、さらにそれらの地域への効果を検証しています。また、市内の学校（小中高）との連携を強化し、競技のすそ野拡大に向けた活動や、スポーツボランティアの組織・育成を推進しています。

また、笠間スポーツコミッションでは、スケートパーク関連の事業以外にも、スポーツツーリズムやゴルフのまちとしての魅力アップへの取り組みも積極的に行っており、スポーツ庁から「スポーツ・健康まちづくり優良自治体表彰」を3年連続で受ける等、その活動は高い評価を得ています。

参考資料：いばらきまちづくり通信　つどえ~る「スケートパークを活用したまちづくり」
茨城県Ｗｅｂサイト

マルチスポーツという新たなアプローチ

マルチスポーツとは

我が国では1人の選手が若年層からひとつの競技に専念して取り組むことが多い環境になっています。しかし、海外では1人の選手がいくつかの競技に関わりながら学生時代を過ごすことが多くあります。

このように、1人の選手が複数の競技に参加することを、マルチスポーツと呼びます。MLBロサンゼルス・ドジャースのムーキー・ベッツ外野手は高校時代に野球部とボウリング部に所属し、現在もオフシーズンにはボウリングの大会に参加して好成績を挙げており、NFLのカンザスシティ・チーフスに所属するパトリック・マホームズ選手は高校ではアメリカンフットボールの他にも野球とバスケットボールをプレイし、大学でも2年次まではアメリカンフットボールと野球を掛け持ちしていました。

ひとくくりにスポーツと言っても、それぞれの競技に必要とされる能力はそれぞれのスポーツで異なります。そのため、若年層からひとつの競技に取り組む場合には、その競技に特化した能力を伸ばすことになります。その結果、使う体の部位や筋肉に偏りが出てしまい、特定の部位を使い続けることでケガのリスクも増えてしまうと言われています。

若年層におけるマルチスポーツには、複数の競技に関わることで多様な体の使い方を覚えられ、総合的な運動能力が身につき、ケガのリスクを低減するというメリットがあります。また、自分の取り組むスポーツの選択肢を増やしていくこと、自分にフィットするスポーツを見つけることに大きな役割を持ちます。

若年層が興味を持つ競技はどうしても身近で触れやすいものになりやすいので、身近にたくさんの競技を体験できる環境があることが、それぞれの競技人口の拡大につながります。また、習い事を掛け持ちするように、スポーツが好きで得意な子どもたちがスポーツを掛け持ちすることが当たり前になれば、複数の競技人口が増加し、スポーツ全体の活性化につながると考えられます。さらに、異なるスポーツを経験すれば自ずと出会う人たちが多くなり、コミュニケーションの機会も増え、多様な考え方に触れるきっかけにもなります。

こうしたメリットや社会的背景から、諸外国では個人が複数のスポーツを楽しむ、マルチスポーツが一般的になっています。

最近では民間でマルチスポーツの観点を持ったイベントや教室がみられるようになり、若年層が多様なスポーツを体験できるようになってきました。

なかでも、東京ヴェルディクラブでは、クラブチームそのものが多様なスポーツを内包しており、その体系を活用した取り組みが盛んに行われています。

事例：東京ヴェルディクラブ

東京ヴェルディクラブは、16競技（東京ヴェルディ株式会社運営の男女サッカーチームを含む）からなる総合クラブです。

どのスポーツも「東京ヴェルディ」をチーム名とすることでブランド統一を図りながら、総合クラブとしての強みを活かし、次世代を担う子ども達を中心に個々のスポーツのスクールはもちろん、様々なスポーツ体験ができるマルチスポーツスクールや、さまざまなスポーツ体験イベント等を各地で開催しています。

多様なチームを運営し育成・普及環境を充実させる事で、多くの人がスポーツに触れる機会を提供し、生涯スポーツ社会の実現や健康で文化的な地域社会の構築を目指しています。

	主種目	重点習得スキル	プログラム内容	
4月	SAQ・スプリント	操作能力（身体） バランス能力	スプリント	「姿勢」「腕振り」「足の使い方」を意識しながら、ピッチ（足の回転数）をあげ、フォームの改善の実施
5月	SAQ・体操	操作能力(身体) リズム能力	体操	「前転」「後転」「開脚前転」「開脚後転」「倒立」など 10種目以上の動作を個々のレベルに応じて実施
6月	ホッケー	空間認知能力 操作能力 (スティック)	フット ワーク	「加速」「減速」「方向転換」などの動作を実施
7月	ホッケー	調節能力 操作能力 (スティック)	打つ	「スティックにボールを当てる」「強く振る」などの動作を実施
8月	セパタクロー	操作能力（身体） 空間認知能力	当てる	片足でバランスをとり、足をボールに当てる位置や角度を意識しながら、思ったところへボールを蹴る動作を実施
9月	セパタクロー	反応能力 調節能力	合わせる	距離感とタイミングを測り空中のボールに合わせるように自分の身体を操作する動きを実施
10月	野球 (SAQ)	空間認知能力 反射神経	投げる 打つ	体を捻ってボールを投げる感覚や捕る・ 打つ動作で空間認知能力と反射神経、道具を操作する動作を実施
11月	野球 (SAQ)	空間認知能力 反射神経	投げる 打つ	体を捻ってボールを投げる感覚や捕る・打つ 動作で空間認知能力と反射神経、道具を操作する動作を実施
12月	ソサイチ	動作変換能力 操作能力（ボール）	ドリブル	「直線」「ジグザグ」「スラローム」の ドリブルを実施
1月	ソサイチ	反応能力 調節能力	止める蹴る	正しいフォームで狙ったところに蹴るメニューの実施 ゴロボールやバウンドボールを 足の裏や身体で止める動作を実施
2月	3x3 バスケットボール	観察・判断能力 俊敏性	投げる	指先の神経系を発達させられるよう、 ボールを押す・突くという動作や ボールを 押し出す・捕るという動作を実施
3月	3x3 バスケットボール	観察・判断能力 俊敏性	投げる	指先の神経系を発達させられるよう、 ボールを 押す・突くという動作や ボールを押し出す・捕るという動作を実施

東京ヴェルディクラブ　マルチスポーツスクールのメニュー（2024 年 9 月現在）
出典：東京ヴェルディクラブウェブサイト

■マルチスポーツをスクールで提供

東京ヴェルディクラブでは、クラブが持つ多種目の競技を通じて、子ども達が体を動かすことの楽しさや色々なスポーツのおもしろさや可能性を感じることのできるスクールを開催しています。

東京ヴェルディクラブ所属選手およびコーチの指導のもと、さまざまな競技を体験することで自分の身体を自由に操作する能力を身につけることを目的としています。また、非認知能力を向上させるメニューを取り入れることで、「コミュニケーション能力」「創造力」「判断力」等の向上を目指しています。

■マルチスポーツ体験会

東京ヴェルディクラブでは、スクール以外でもマルチスポーツを手軽に体験できるイベントを行っています。東京ヴェルディのＪ１ホーム戦や、アイスホッケー東北フリーブレイズの試合会場等に、東京ヴェルディクラブの野球、セパタクロー、ビーチサッカー、３×３バスケットボール、ｅスポーツ等がブースを出展し、来場した子どもたちがさまざまな競技を体験できる場を提供しています。

また、東京では中央区立総合スポーツセンターと協力し、子どもからおとなまで競技経験の有無に関わらず、３×３バスケットボール、チアダンス、セパタクロー、フットサル、ｅスポーツを体験できるイベントを実施するという活動をしています。

スポーツと地域の組み合わせは多様

ここまで見てきたように、スポーツと地域の関係を考える時には地域特有の事情や課題等制限と特徴があり、どこにでも通用する一般的な成功の方程式があるわけではないと言えます。

スポーツで地域を活性化させる取り組みは、コンテンツとしてのスポーツ、ハードウェアとしての施設のバランスがとれることで、初めて成功すると考えられます。そのためには地域で何が求められているのか、何が足りなくて何が充実しているのか、どのような手法なら地域を巻き込んで盛り立てていけるのか、キーになる人材はいるのか等、それぞれの地域が持つ特性に合わせて考えることが必要です。

沖縄でプロバスケットボールチームが成立したのは、もともとバスケットボールの人気が高い地域だったことが基本にありますが、その上でチーム設立に強い意欲を持った人物の強いリーダーシップや、地域と相互の理解を深めていくためのコミュニケーション、マーケティング等への投資を的確に実行したからと言えます。そしてこの活動が他のスポーツへの取り組みへも波及していることも大きな成果と言えます。

笠間市の「ムラサキパークかさま」がまったく素地のない状態で新たな施設を導入し、若年層や広域からの集客を得るという狙い通りの効果を得られたのは、明確なビジョンを持ち、官民の両方が新たな取り組みに挑戦できる柔軟性と行動力、俊敏性を持って、熱心に取り組んでいた要素が大きいと考えられます。また、計画当初から競技のプロフェッショナルと連携し、運用も委託することで、施設の活用がスムーズに行われていることも理由の1つと言えるでしょう。

八戸市とクロススポーツマーケティングによる官民連携モデルに似ているモデルが世の中を探しても存在しないのは、このモデルが成り立つプロセスで行われたさまざまな判断、プロジェクトを推進していくための考え方の一つひとつを、プロジェクトの進行に合わせて、なによりもまず地域社会、市民に理解して認めてもらえるように、八戸市自らがリードして、ていねいなコミュニケーションを行ったからでしょう。このコミュニケーション活動が果たした役割と効果は、たいへん大きなものでした。

マルチスポーツは若年層に複数の競技に関われる機会を作り出します。シングルスポーツに閉じることなく、多くのスポーツへの入り口を広くすることで若者たちの可能性を広げることができるでしょう。そして将来スポーツを楽しむ人を増やし、市場を拡大するという、今後のスポーツ産業全体にとって課題解決の糸口となる、重要な取り組みだと言えます。

スポーツで地域を活性化するための3つの要素

スポーツを地域振興に結びつけることは、ビジネスを成功させることとほぼ同義であるように思います。明確なビジョンを描き、入念なマーケティングをもとに戦略を練り、実行するために多くの関係者と綿密なコミュニケーションをとり、人々を動かしてプロジェクトを進行し、新たなスキームで確実な利益を得るという一連の行動には、従来の行政主導のスポーツ振興にはなかった、ビジネス感覚が求められていることは明白です。

このようにプロジェクトを進行するには、裏方として動く、大勢の「支える」人が不可欠です。また、スポーツを「する」人が最高のパフォーマンスを発揮し、「みる」人がそれを存分に楽しむためには、それらを「支える」役割を持つ人たちが欠かせません。そして、スポーツ市場を支える役割は従来のスポーツ関連市場の枠を越え、多岐に渡ります。

国内のマーケットが人口減少とともに縮小するなかで、スポーツに関わる人口を増加させるには、今スポーツをやっていない人にスポーツをしてもらうことも大切ですが、それよりも今スポーツをやっている人に複数のスポーツに関わってもらうほうが近道であり、将来のスポーツ人口を増やすきっかけになると考えられます。また、スポーツの多様性を推進し、さまざまな種目を楽しむ人が増えることで、スポーツ全体のすそ野を拡げることができるでしょう。スポーツをする人が増えれば市場は活性化し、健康寿命を延ばすことにもつながります。

そして、現在、スタジアム・アリーナ改革等で全国に大規模なスタジアムやアリーナが整備されています。「スポーツにおけるハードとも言える施設が整備されるなかで、そのハードを活かすためにはコンテンツとなるスポーツの在り方がカギとなります。単なる「観客を収容できる大規模なスポーツ施設」があるだけでは、地域の活性化にはつながりません。その地域でどのスポーツが受け入れられるのか、そのためにどのような策を講じるのか、その企画を最大限に活かせる施設とはどういう物なのか、施設運用の効率化をどうするか、施設の周辺をどのように発展させたいのか等、ハードとコンテンツのバランスを最大限考慮することで、スポーツが盛り上がり、地域のビジネスを活性化し、住民の健康に貢献することが可能になります。

まとめると、重要な要素は以下の3つではないかと考えます。

・みる、する、から「支える」スポーツへ

―「支える」を真剣に考えなくてはいけない

・マルチスポーツへの着目

―「する」ひとを増やすために、マルチスポーツという考え方を取り入れる

・ハードとソフトの共鳴

―スタジアムやアリーナと、コンテンツのかけ算でビジネスは大きく拡がる

第3章以降で、この3つの要素について考察していきたいと思います。

第3章

スポーツと地域振興について考える
－寄附講座の講義内容とワークショップ課題

講義　長尾 樹氏

JSPOアスレティックトレーナー
鍼灸師／あん摩マッサージ指圧師
MFAインストラクター

写真提供　（株）メディシンク

プロフィール
私立高校、大学のサッカー部や実業団でトレーナー、マッサージセラピストとして活動。

2008年（株）ルートヴィガーに入職し、パーソナルトレーナーとして活動。

2011年から3年間スケート連盟所属／JOC医科学スタッフを勤める。

2014年に株式会社T.C.PLACEの取締役に就任し、TEETER TOTTERを創業。

2023年からアンカークリニックで鍼灸師／アスレティックトレーナーとして活動。

「TOTAL CONDITIONING」の実現を目指し、様々な専門家と連携して身体を最適な状態に導く環境づくりを行っている。

Conditioningとは

私の職業はアスレティックトレーナーですが、一般的にトレーナーと呼ばれる人は大きく分類すると3種類います。

1. 見せるからだをつくる、ボディメイクのためのトレーナー
2. 体重を落とし、健康を維持する、ダイエット向けのトレーナー
3. 体の機能を改善するためのトレーナー

私は3つ目の機能改善を行うトレーナーとして活動しています。動かなかった部位を動かせるようになる、できなかった動きができるようになる、という目的で活動しているのですが、医療寄りの内容でもあるため、鍼灸師やあん摩マッサージ指圧師、MFAインストラクターといった資格も持っています。

今回はConditioning（コンディショニング）をテーマに取り上げたいと思っています。

Conditioningとは、厚生労働省によると

> 運動競技において最高の能力を発揮出来るように精神面・肉体面・健康面などか

ら状態を整えること

コンディションとは、「**状態**」「**体調**」「**条件**」**という表され方をしており、**「**体力**」「**精神**」「**技術**」「**医療**」「**栄養**」「**環境**」といった要因から影響を受けていています。

コンディショニングとは、これらの要因から総合的にアプローチし、競技の際に能力を最大限に発揮出来るようにコントロールしていくことです

出典：厚生労働省　e ヘルスネット

とあります。わかりづらいと思いますので、こちらではどうでしょうか。

競技のレベルに関わらず、アスリートやチームがベストパフォーマンスを発揮するために目標とするコンディションと、現在のコンディションとの間の差をより望ましい状態に向けて最小化するための過程のこと

出典：日本アスレティックトレーニング学会

Conditioning には、トレーニングや競技を行う環境・その人が持っている体力・メンタル（精神）・動作の解析やアドバイスを通じた技術の向上・ケガの予防や治療、リハビリ等の医療・体をつくるための栄養、という6つの要素があります。

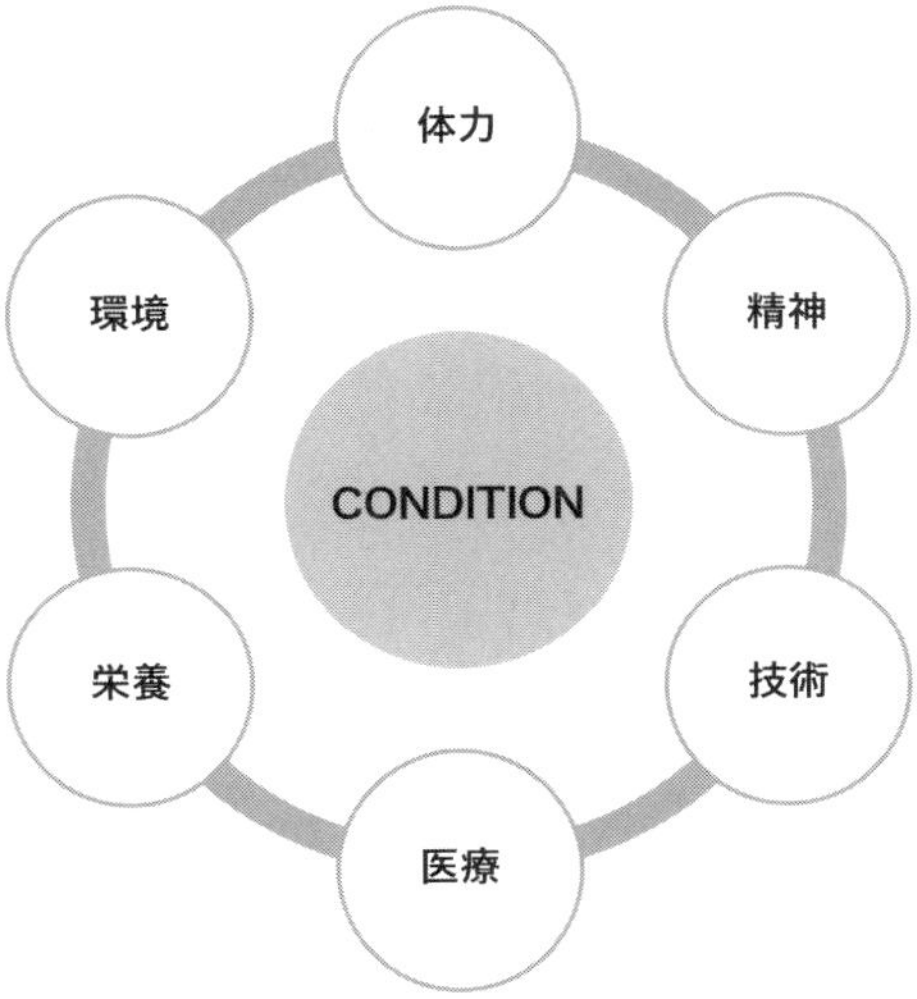

Conditioningは、もともとはスポーツから生まれた言葉ですが、全ての人が健康を保つためにあてはまる考え方です。

どうやって運動する人口を増やせばよいのか

さっそくですが、今回の課題を発表します。

「身近にいる運動しない人に、運動してもらう方法を考えてください」

身近にいるというところがポイントです。グループの中で人物像を明確に決めて、その人に運動してもらう方法を考えてください。両親や祖父母等、周りにいる人たちを想定してください。

運動が体によい、という話は皆さんもよく耳にしていると思います。なぜ、運動は体によいのか？　課題に取り組んでもらう前に、改めて背景を説明したいと思います。

●身体活動・運動の量が多い者は、少ない者と比較して**2型糖尿病、循環器病、がん、ロコモティブシンドローム、うつ病、認知症等などの発症・罹患リスクが低い**ことが報告されている。

●ＷＨＯでは、運動不足が死亡に対する危険因子の第４位（高血圧、喫煙、高血糖に続く）

●超高齢化社会へ向けて、健康寿命の延伸は必須課題ですが移動手段や生活の機械化／便利化で「**日常生活歩数**」「**運動習慣者の割合**」**は横ばいから、減少傾向**

出典：厚生労働省健康日本21（第３次改定）より引用改変

運動が病気のリスクを減らすことは多くの研究で立証されています。そして、運動不足が死亡に対する危険因子の1つとして挙げられています。

特に日本では、超高齢化社会に向けて健康寿命を延ばさないといけないという大きな課題があるのですが、普段の生活での歩数や、運動習慣の割合は増えていません。

首都圏で生活している人は、電車で通勤、通学をしている人ならば1日8000～1万歩くらいは歩いている人も多いのですが、地方では車での移動が主になるため、家から目的地まで歩かずに移動しています。日常生活の歩数が低下しているのです。

最近よく見かけるようになった電動キックボードやシェアサイクル等は短距離の移動にとても便利ですが、あのサービスを使うようになると、今まで歩いていた距離も歩かずに移動ができるようになります。これも「移動手段や生活の機械化/便利化」の1つです。

運動習慣を持つ人の数も、横ばいから減少傾向にあります。大手スポーツジムの会員数は、だいたい日本人の3～4%くらいと言われています。そしてこの割合は以前からずっと変わっていません。そして、この3～4%の人たちは能動的に運動する層で、特にジムに通わなくても運動する人たちだと言われています。

スポーツクラブ業界としてはこの数値を増やしていくことが命題なのですが、結局大きな変動がないまま今に至っています。

歩数に関する目標値設定

		男性		女性	
		20〜64歳	65歳以上	20〜64歳	65歳以上
健康日本21（第二次）の目標		9,000	7,000	8,500	6,000
粗平均	平成22 （2010）年	7,841	5,600	6.886	4,599
	現状値：令和元（2019）年	7,864	5,396	6,685	4,656
予測値	令和18 （2036）年の予測値 （粗平均平成22 （2010）〜令和元（2019）年）	7,424 (6,974〜7,873)	4,892 (4,232〜5,552)	5,890 (5,337〜6,445)	4,580 (3,973〜5,187)
目標候補	現状値に基づいた目標（現状×1.1）	8,650	5,936	7,354	5,122
	予測値に基づいた目標（予測×1.1）	8,166	5,381*	6,479*	5,038
目標値	**目標（現状値×1.1、かつ男女同数）**	**8,000**	**6,000**	**8,000**	**6,000**

＊ 現状値よりも低い目標値
カッコ内は予測値の90%信頼を示す

厚生労働省健康日本 21（第 3 次改定）より引用改変

こちらも厚生労働省のデータです。だいたいこのくらいは毎日歩いてください、という目標値が明示されており、男女や年齢によって数値は変わりますが、だいたい８０００歩くらいが目安になります。

１日８０００歩、という目標値は以前から言われていましたが、実際の歩数はどうでしょうか。平成22年と令和元年の数値を比較すると、ほぼ変化がありません。

どれだけ政府が歩いたほうがよいと言っても、実際の歩数の増加には結びついていないのです。

ここで言う「運動習慣」とは週2回・30分以上の運動を継続していることを言い、運動習慣者はその人のことを指します。

運動習慣者の割合は、人口に対して28・7％（令和元年）となっており、一時期増えてきていたのですが、新型コロナウイルス感染症の拡大期（コロナ禍）で再び減少傾向が見られ、大きくは数字の改善が見られません。

スポーツ庁の資料によると、第3期スポーツ基本計画（令和4年3月）では、成人の週1回以上のスポーツ実施率を70％程度、年1回以上が１００％に近づくことが目標として掲げられています。しかし、実態としては、令和４年度の20歳以上の年1日以上のス

運動習慣者の増加

指標	運動習慣者の割合（年齢調整値）
データソース	国民健康・栄養調査 ※1回30分以上の運動を週2回以上実施し、1年以上継続している者の割合を集計
現状値	28.7%（令和元年度） ※20〜64歳：男性23.5%、女性16.9% 65歳以上：男性41.9%、女性33.9%
ベースライン値	―%（令和6年度：令和6年国民健康・栄養調査予定）
目標値	40%（令和14年度） ※20〜64歳：男性30%、女性30% 65歳以上：男性50%、女性50%

※ 現状値は年齢調整していない値

厚生労働省健康日本 21（第 3 次改定）より引用改変

ポーツ実施率は77・5％で令和3年度の79・9％から2・4ポイント減、週1日以上の実施率は52・3％で令和3年度の56・4％から4・1ポイント減少しています。

アスレティックトレーナーとしての私の実感としては、コロナ禍以降、スポーツに取り組む年齢層が変化し、従来、50～60歳代が多かったものが、30～40歳代へと移行しており、若年化の傾向があると感じます。

スポーツに取り組むことが推奨される理由

医療費の増大が大きな社会問題になっています。2023年度の日本の国家予算を見ると、およそ110兆円のうち、3分の1にあたる32・3％（36・9兆円）が社会保障に充てられています。社会保障とは、医療費、年金、介護費用等が含まれるものです。これは前年度比で1・7％の増加となっています。

そして、これは「一般会計」と言われている予算であり、実は「特別会計」として計上されている予算もあるので、実態はさらに予算がかけられているのです。

日本の医療のメリットは「国民皆保険型の公営医療サービス」により、国民の負担が少ないという点です。

日本の医療サービスは全国民を対象に3割が個人負担、7割が公的医療保険での負担と

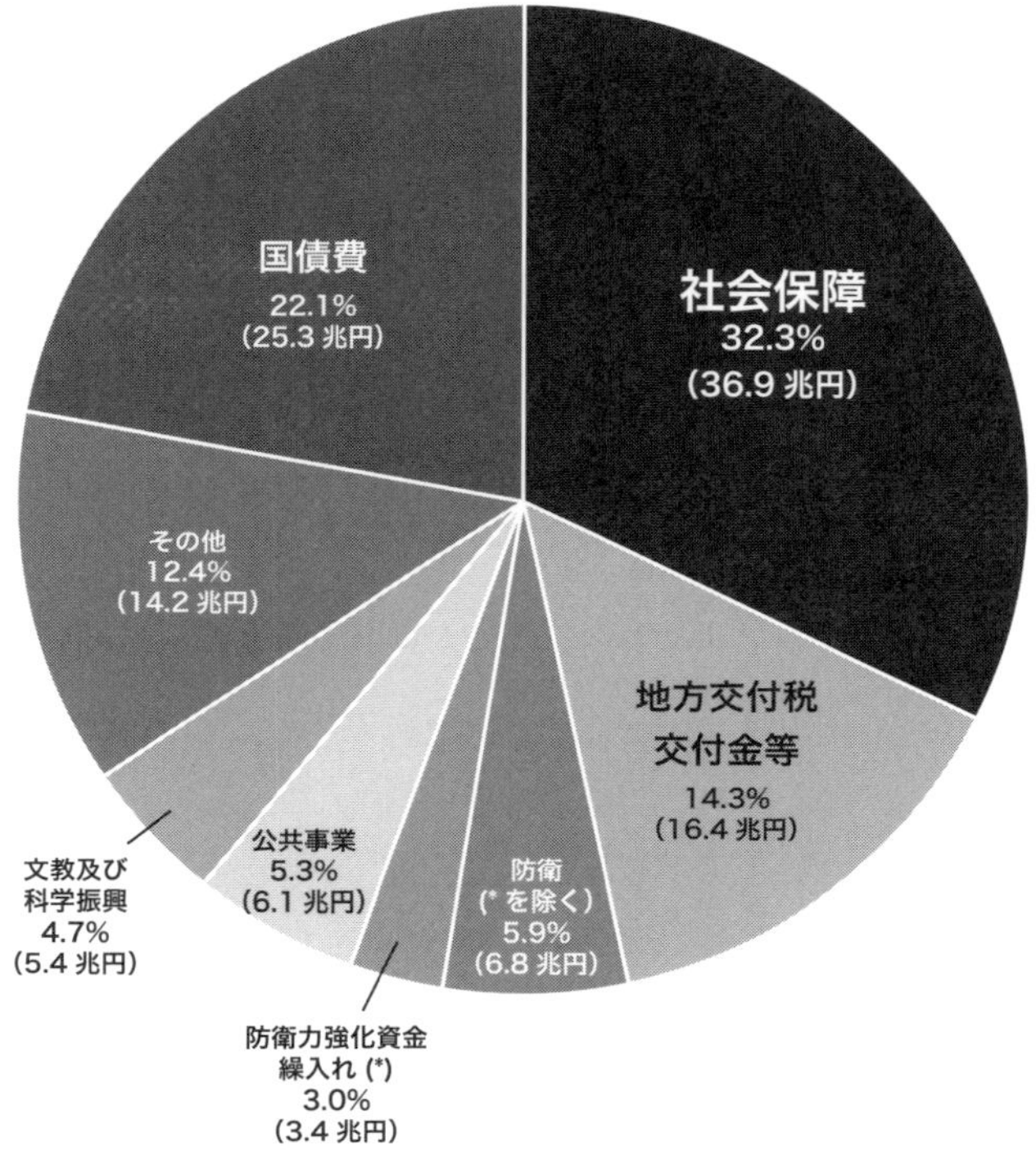

（注）「その他」には、新型コロナウイルス感染症及び原油価格・物価高騰対策予備費（3.5%（4.0 兆円））及びウクライナ情勢経済緊急対応予備費（0.9%（1.0 兆円））が含まれる。

2023 年度国家予算
出典；財務省 Web サイト

いう世界でも稀有なシステムです。北欧や欧州では国によって対象となる病気に制限や段階が設定されていたり、年齢による対象の制限がある場合がほとんどであり、世界的にみても非常に優れた仕組みです。

一方、デメリットとしては「医療は安いものと誤認する」という点があります。体調が優れない時に気軽に病院にかかれる環境が整っているため、医療は気軽に利用できる安価なサービスであると誤認しているケースが見受けられます。病院が身近すぎて、自分の体に責任を負う意識が芽生えづらいのです。

例えば、米国等は個人で加入する保険料も、病院でかかる医療費も非常に高額であるため、病気になったら市販されている医薬品を購入して服用する等自ら治療しようとしますし、そもそも病気にならないように健康に留意しようという意識が高い傾向にあります。

充実した日本の保険制度が、逆に健康への意識を下げるというデメリットを生み出しているとも言えます。

政府の取り組み

これまで述べてきたように、健康を保つためには運動をすることが大切であり、関係省庁ではさまざまな目標値を掲げています。たとえばスポーツ庁としてはスポーツの実施率を向上させるために、さまざまな取り組みを行っています。

Sport in Lifeプロジェクト

目的を持った運動・スポーツを推進し、ライフパフォーマンスの向上を図る。スポーツを日常生活の一部として取り入れることを促進。

ここスポ

「こころとスポーツのつながり」をテーマに、心の健康を促進し、スポーツを通じて人々の生活の質を向上させることを目的とした取り組み。

スポーツエールカンパニー

従業員の健康増進を目的にスポーツ活動に積極的に取り組む企業を認定。

FUN+WALK PROJECT

歩くことを入口にして国民の健康増進を図り、スポーツ参画人口の拡大を目指す。

女性スポーツ促進キャンペーン

男性と比べてスポーツ実施率が低い女性のスポーツ参画を促進。女性がスポーツを日常生活に取り入れやすくするための様々なプログラムやイベントを提供。

地方自治体におけるスポーツ実施率向上のための基盤構築

地方自治体がスポーツ実施率を向上させるために必要な施策や環境を整備。

パブコン～もしもあなたがスポーツ庁長官だったら～

国民のスポーツ実施率を向上させるためのアイデアや事業プランを広く募集。

スポーツ庁Ｗｅｂ広報マガジン ＤＥＰＯＲＴＡＲＥ

スポーツ庁が発信するＷｅｂ広報マガジン。

また、厚生労働省は「健康日本21」（21世紀における国民健康づくり運動）を掲げ、平成12年から活動を継続しています。

その中で個人目標が提示されています。

成人に対する個人目標（例）

・日頃から「散歩」、「早く歩く」、「乗り物やエレベータを使わずに歩くようにする」など意識的に身体を動かしましょう

・1日平均1万歩以上歩くことを目標に
・週2回以上、1回30分以上の息が少しはずむ程度の運動を習慣に
・最初の運動としてはまずウォーキングから

児童・生徒に対する対策

特に、児童については身体活動をともなった遊びの時間を増加させる必要がある。また、不活動な時間を減少させるという視点も重要と考えられる。環境対策としては、安全な遊び場や遊び時間を確保できるように社会環境を整えていく必要がある。

児童・生徒に対する個人目標（例）

・外遊びや運動・スポーツを実施する時間を増やす
・テレビを見たり、テレビゲームをするなどの非活動的な時間をなるべく減らす

出典：厚生労働省　健康日本21

このように目標を掲げてはいますが、抽象的で、今まで何も運動していない人が運動しようと思えるところにはたどり着いていません。具体的に人の行動を変容させるのは難し

いということを前提として考えるべきです。

試しにChatGPTにどうしたら運動習慣が身につくかを聞いてみたところ、返ってきた回答がこちらです。

1.目標を設定する：まず、何を達成したいのかを明確にしましょう。具体的な目標を設定することは、モチベーションを維持するために重要です。例えば、体重を減らす、筋力を増やす、あるいは日常のストレスを軽減するなど、具体的な目標を設定しましょう。

2.日程を立てる：運動のスケジュールを立てることが大切です。週に何日、いつ、どの時間帯に運動するかを計画し、カレンダーやリマインダーアプリを利用して守るようにしましょう。

3.小さなステップから始める：運動習慣をつけるために、大きな一歩を踏み出す必要はありません。小さなステップから始めて、徐々に負荷を増やしていくことが大切です。最初の数週間は、簡単な運動からスタートし、体が慣れるまでゆっくり進めましょう。

4.好きな運動を選ぶ：運動が楽しいと続けやすくなります。自分の好きな運動やアクティビティを選び、楽しみながら運動しましょう。ジョギング、サイクリング、ヨガ、ダンス、スイミングなど、さまざまな選択肢があります。
5.ルーチンを作る：運動を日常の一部に組み込むことが習慣化の秘訣です。同じ時間帯に運動する習慣を作り、それを日常のルーチンとして定着させましょう。
6.プライオリティを付ける：運動は健康のために重要な活動です。他の予定や優先事項と調整し、運動にプライオリティを置くようにしましょう。
7.モチベーションを維持する：運動習慣を続けるために、モチベーションを維持する方法を見つけましょう。友達と一緒に運動する、音楽を聴きながら運動する、報酬システムを作るなど、自分に合った方法を試してみてください。
8.休息を取る：運動と休息のバランスを取ることも重要です。過度な運動は怪我の原因になる可能性があるため、適切な休息をとりましょう。
9.継続的に評価する：定期的に自分の進捗状況を評価し、目標を修正することが大切です。適切な調整を行い、モチベーションを維持しましょう。
10.サポートを受ける：運動習慣をつけるのは1人で行うこともできますが、友達、家族、トレーナー、コーチなどのサポートを受けることで、モチベーションを高めることができます。

「確かにそうだ」とは思いますが、これを運動していない人が読んで実行できるかといえば、難しいでしょう。運動習慣がない人が運動をするためには、一人ひとりにフィットする方法が必要になるのではないでしょうか。

さて、ここで改めて、今回の設定課題です。

「身近にいる運動しない人に、運動してもらう方法を考えてください」

国や地方自治体、民間で、様々な手法で運動は推奨されていますが、今まで運動をしていない人が始めようと思えるところにはたどりついていません。そこで、身近で目の届く範囲の人をペルソナに挙げて、その人が運動するようになる方法を考えてください。

対象になるのは目の前の運動していない1人です。アプローチの内容、アプローチの背景となった考え方等について整理し、わかりやすく構成を考えてください。

講義　鈴木啓太氏

ＡｕＢ株式会社 代表取締役

プロフィール

1981年静岡県清水市（現在は静岡市清水区）生まれ。高校卒業後、2000年よりJリーグ　浦和レッドダイヤモンズ（浦和レッズ）に加入、日本代表としても活躍した。2015年現役引退し、アスリートの腸内細菌研究を行うべくAuB株式会社を設立、代表取締役に就任。「すべての人を、ベストコンディションに。」をミッションに掲げ、腸内細菌叢研究、サプリメント開発や健康増進事業を展開。YouTubeチャンネルやSNSを通じた情報発信も行う。アスリートとしての経験を活かし、スポーツと健康の分野で新たな挑戦を続けている。

高いレベルの環境が人を育てる

私は2000年から2015年まで16年間、プロサッカープレイヤーとして浦和レッズに所属していました。引退後にAuB（オーブ）というアスリートの腸内細菌叢を研究する会社を起業し、経営しています。

子どもの頃からサッカー選手になりたいと思い、念願叶ってプロとしてやってきたわけですが、そのサッカー人生が今の事業につながっています。

私は静岡県の清水市（現在は静岡市清水区）で生まれ育ちました。実家の前の通り沿いには長谷川健太さん（Jリーグ　名古屋グランパス監督）と、西澤明訓さん（日韓ワールドカップ日本代表）が住んでいました。この道沿いだけで、自分を含めて日本代表を3人輩出しているという、とにかくサッカー選手が多い地域で育ちました。

やはり、人は環境で育つと思うのです。その世界、その場所、生まれ育ったところの「当たり前」の環境というものが、その後の人生を決定するひとつの大きな要因になると思います。

だからこそ、この講義に参加している皆さんはSFCで学んでいらっしゃるのだと思います。そして、自分が置かれた「当たり前」のレベルがどれだけ上がるかによって、日本の社会の豊かさに大きくつながっていくのではないかと思います。

私が生まれ育った清水では、多くの子どもたちがサッカー選手になりたいと思っています。私ももれなくその1人でした。小学校の時には全国大会で準優勝し、中学校では優勝を果たしました。高校では学校としては勝てなかったものの、県選抜チームで全国準優勝を経験しました。

「全国大会準優勝」。全国で2位というのは素晴らしい結果に思えるかもしれませんが、私が育った場所ではこれでは認められません。優勝か、優勝でないか、そこにははっきりとした差があるのです。それほどまでにサッカーに求められるレベルが高い環境でした。

高いレベルを目指すなら、そのような環境に身を置き、切磋琢磨することが必要です。私はサッカーを通じて、それを実感しました。

プロフェッショナルとはどういうものか

サッカー選手の平均引退寿命は25～26歳といわれています。私の場合、18歳で3年契約を結び、念願のプロサッカー選手となりました。初年度の年俸は240万円。会社員より安い金額でした。しかし、プロになることはゴールではなく、あくまでもスタートです。スタート時点で、プロでいられる確約を得ているのは3年、21歳までです。ここからどういう選手になっていくかを考え、実践していくことが求められます。なぜなら、プロのアスリートは、試合に出ないと実力を認めてもらえないからです。

当時の浦和レッズにはスター選手が大勢所属しており、ポジションを争っていました。激しい生存競争に勝ち残り、試合に出て結果を残さない限り、プロで居続けることはできません。必要がないと判断されれば契約満了後にあっさりクビになる、厳しい世界です。プロとしてチームに所属している限り、自分がチーム内でやるべき役割を考え、それを遂行するための実力を身につけ、実戦でその成果を出すことを求められ続けるのです。それは皆さんが想像する以上に厳しいものです。

しかし、プロだからこそ、結果を出せば報酬も大きくなります。試合に出て実力を認められれば年俸が増加しますし、試合に勝つとかなりの額のボーナスも受け取れました。認められなければクビ。活躍すれば大きく稼げる。それがプロのアスリートの世界です。

そして、プロとしてピッチに立ち、試合に勝つと、ファンやサポーターは喜びます。しかし、試合に負けると文句を言われます。ひどい時には「金を返せ！」等と言われることもあります。

例えば、試合内容がとても良くても負けた場合、どうなるでしょうか？　内容がつまらないものだった場合はどうでしょうか？

どんなに試合の内容が悪くても、勝てば「よくやった」と褒められるのです。しかし、どんなに素晴らしい内容でも、勝てなければ「勝つ気があるのか！」と厳しく言われることもあります。試合内容を問わず、勝ちと負けには大きなギャップがあるのです。これには最初、大きなショックを受けました。

しかし、これが仕事をするということなのだ、と。その時に初めて、自分がプロのサッカー選手になったのだと実感したのです。

皆さんが今後仕事をする上で考えていただきたいのは、結局のところ、関わった人が喜ぶ、ということが最も大切だということです。学生スポーツやアマチュアの時代には、負けたとしても、よい試合をしたら喜ばれ、保護者やコーチから褒めてもらえることがありました。しかし、プロの世界ではあり得ません。自分たちが非常によい内容だったと思っても、周囲の人が喜び、納得してくれなければ、プロの仕事としては認められないのです。

観客動員数が減少した意外な理由

プロとして活動した2000年から2015年シーズンまでの間に、Jリーグで優勝、アジアチャンピオン、日本代表選出等、様々なことを経験しました。特に最後の4年間はサッカーを通じて多くの学びがあり、とても楽しいと感じていました。

浦和レッズは、特に2006年から2008年にかけては観客動員数が非常に多く、一試合あたりの平均で4万5千人ほど動員し、ほぼ毎試合スタジアムは満席状態でした。しかし、そこから7年後の2013年には、平均の観客数が約3万5千人に減少していました。この7年間で1万人も観客数が減ったのです。

これはビジネス的に非常に大きな問題です。毎試合で1万人少ないということは、年間でホームゲームが約20試合あるので、20万人の観客が減ることになります。チケットの売上減少だけでもチームの運営にとっては大きなインパクトです。この1万人はどこへ行ってしまったのだろうと、私は非常に気になりました。そんな時に、あるサポーターの方と話をする機会があったのです。

私はその方に、「なぜ試合に来てくれないのですか？　もっと来てくださいよ」と、試合に訪れる頻度が減っている理由を尋ねました。その返答として私が想定していた答えは

「優勝争いをしなくなったから」「チームに魅力がないから」「よい選手がいなくなったから」あたりだろうと思っていました。

しかし、返ってきたのは

「なぁ啓太、Jリーグが始まって何年経っていると思う？」

Jリーグ開幕の時は40代だったが、今は60代になり、週末にスタジアムに行くと体が疲れてしまう、毎試合スタジアムに行くのは大変なのだ、と言われたのです。その時、私ははっと気づいたのです。そういえば、私の両親も同じようなことを言っていたと。

私が試合に出ていた頃、両親はまだ50代くらいで、とても元気でした。静岡から浦和まで車で来て、試合を観て、一緒に食事をしてから車で帰るということをよくやっていました。しかし私のキャリア終盤の頃には60代になり、試合を見に来ても「早く帰りたい」等と言うようになっていました。

話を伺ったファンの方も、ずっと浦和レッズのサポーターであり、サッカーが大好きな方です。しかし、人は加齢とともに好きなことができなくなったり、チャレンジしなくなったり、時間の使い方が変わるのだということを実感したのです。

私は幼少の頃から母親に「腸がとても大事だよ」と教えられてきました。アスリート時代も、腸を意識しながらコンディショニングを行っていました。この経験から、年齢を経ても健康な体を維持することを事業に繋げることができないかと考えました。

トップアスリートは、最もコンディションを整えている人たちでもあります。その人たちのデータを活用して、ファンやサポーターの健康に貢献できる事業ができるのではないかと思い、引退と同時にアスリートの腸内細菌の研究を行う会社を立ち上げました。

設定課題：身近な人を健康にするためには

私は、年齢にかかわらず誰もが自分の好きなことにチャレンジできる世の中をつくりたいと考えています。そのためには、土台となるコンディショニング、つまり健康であることが最も重要です。健康な体があってこそ、スキルや経験が活かされ、パフォーマンスが発揮されるのです。この土台をどうするかが大切なのです。

そこで、今回の課題をお伝えします。

「皆さんのご両親の健康を保ち、介護が不要な世界をつくるためにはどうしたらいいのか」

皆さんには、ご両親や、おじいちゃんやおばあちゃんもいるかもしれません。今はお若いでしょうが、いつか介護が必要になる時が来るかもしれません。その時が来たら、介護してあげたいという気持ちがあるかもしれません。逆に、自分の人生があるので介護は避けたいと考える人もいるでしょう。しかし、親御さんたちの視点に立つと、きっと子どもには介護して欲しくないと思っているのではないでしょうか。私自身、二人の娘がいますが、彼女たちに自分を介護して欲しいとは思いません。彼女たちには自分の人生を全うしてほしい、私のことは気にせずにいて欲しいと考えています。

健康であることが大切だと分かっていても、実際に行動に移すのは難しいものです。健康でいることの大切さを理解していても、多くの人は健康への取り組みを続けられなかったり、健康診断を受けなかったりするのが現実です。健康でいる時には何もせず、悪化して初めて行動を起こすことが多いのです。

健康診断は自分の体の状態を数値化し、可視化する手段です。血液や心音を調べたり、胃や腸を検査したりするのが一般的ですが、健診は年に一度行うだけです。例えば、腸内細菌の研究を進めている私たちが目指しているのは、日々の健康状態を可視化する新しい方法です。具体的には、便の匂いを使ってお腹の環境を可視化するデバイスを京セラ株式会社と一緒に開発しています。

これは非常に高度な技術で簡単な話ではありませんが、皆さんの中から、日々の健康を測定する方法や、健康を促進する方法、行動変容を起こす方法等のアイデアが出てくることを期待しています。特に、ご両親や自分の大切な人に健康に気を遣ってもらうためには、どのようにすれば行動変容が起きるのかを考えてみてください。

健康を測定する方法としては、睡眠、運動、食事等様々な手段があります。もちろん、それらを活用することも重要ですが、現実には多くの人が健康に気を遣っていません。その割合は8割から9割にも及ぶと言われています。どのようなアプローチが必要なのか、様々なアイデアを出していただきたいと思います。

２００７年生まれの子どもの半数は１０７歳まで生きると言われています[※4]が、健康でこの年齢まで生きられるかどうかは別問題です。このことは、日本社会の大きな問題に直結していくはずです。定年が65歳として、その後の40年、社会はどうなってしまうのかと心配になります。

※４　内閣官房　人生１００年時代構想会議資料による

働き方としては、80歳くらいまで働ける社会の仕組みを作っていかなければならない、という話もあります。そう考えると、皆さんのご両親が今50代や60代だとしたら、あと20～30年は働いてもらう必要があるかもしれません。

サザエさんが連載されていた時代（昭和20年代）、平均寿命は60歳でした。サザエさんのお父さんである波平さんは54歳で、お母さんのフネさんは52歳です。当時の定年は55歳でしたから、波平さんはまだ働いているわけです。

1961年、国民年金が制度化された時点でも、男性の平均寿命は65歳でした。その65歳から国民年金の受給が始まる仕組みですから、現代において破綻が危惧されるのも無理はありません。

私はサッカーが盛んな地域で育ち、子どものころからの夢であったプロサッカー選手としてプレイでき、スタジアムで多くの方々に応援していただきました。地域コミュニティがどのような社会を作っていくのか、コミュニティを形成するひとつの指標としてスポーツがあります。地域の方々や皆さんにとっては、私という存在は他人かもしれませんが、スタジアムに来る老若男女が元気でいることは、私にとって非常に価値のあることです。いつまでもスタジアムに元気に通ってほしい、いつまでも自分の好きなことを続けてほしい、そのためには健康でいてほしいと願っています。そして、皆さんにとって一番身近な人たちは誰かと考えたとき、それはご両親だと思います。ご両親が介護を必要としないように、そして皆さんもご両親の介護に時間を極力とられないようにするために、元気な社会を創っていくためのアイデアをぜひ考えていただきたいと思っています。

AuB 株式会社で展開している製品

講義　熊本浩志氏

amadana株式会社 代表取締役社長
株式会社アマダナスポーツエンタテインメント 代表取締役社長
東京ヴェルディ クリエイティブセンター長／ベースボールチームGM

プロフィール
1975年生まれ、宮崎県出身。株式会社東芝の家電部門へ入社。

2002年、株式会社リアル・フリートを立ち上げ「amadana」発表。デザインによるビジネス変革をリードする。

2019年「東京ヴェルディ」のリブランディングを牽引し、クリエイティブセンター長を務め、スポーツの多角化を推進。

アマチュア野球監督として4度の全国優勝の実績を持ち『東京ヴェルディ・バンバータ』のGMとしての顔を持ち合わせる。

SPORTS × DESIGN

ａｍａｄａｎａ株式会社は「新しい生活文化をデザインする」を掲げ、２００２年以来、多くの種類の家電製品を世界に向けて提案、発信してきました。現在も家電製品の展開を継続しています。また、新しい取り組みとしてコーヒー事業を立ち上げています。

株式会社アマダナスポーツエンタテインメント（現　株式会社ａｓｅ　以降ａｓｅ）は、私たちのなかでも最も新しい取り組みです。「ＳＰＯＲＴＳ × ＤＥＳＩＧＮ」、スポーツとデザインを掛け合わせて、新しいビジネスを創出していく活動をしています。

ａｓｅでは美術大学出身者と体育会出身者が共存・協働しながら多くの取り組みを行っています。

ａｓｅの最初の事業であり、会社が誕生するきっかけとなったのは「ＴＯＫＹＯ ＶＥＲＤＹ」のリブランディングでした。

東京ヴェルディは日本で最初のプロサッカーチームです。ちょうど50周年を迎えた２０１９年に総合スポーツクラブとしてリブランディングし、現在では18のチームが活動しています。

現在、多くの競技団体やスポーツチームで積極的にリブランディングが行われています。これは、スマートフォンの普及等によりコミュニケーションチャンネルが多様化し、ブランドの見せ方や情報発信の手法が変化したためです。このような状況の中で、デザインはますます重要な要素となり、その影響力が増しています。

私たちは、さまざまな媒体や競技で統一して使用できる「デザインシステム」を刷新し、その展開を強化しています。「かっこいい」「オシャレ」と感じてもらい、拡散してもらえるような、ヴィジュアルオリエンテッドな情報を作り込み、効果的な運用の仕組みを構築しています。

スポーツデザインで最も大切なのは、エンゲージメントの向上です。例えば、レプリカユニフォームを販売する際、単に商品の写真を掲載するだけでなく、選手が着用している魅力的な写真をキービジュアルとして発表することで、印象は大きく変わります。単にモノをデザインするだけではなく、顧客との関係性をデザインすることが重要です。

実際にリブランディング後のグッズ等の売上は大幅に伸びています。

他にも、B1リーグ　名古屋ダイヤモンドドルフィンズ、NPB千葉ロッテマリーンズ等のプロスポーツ、大学スポーツでは筑波大学との連携協定をはじめ、中京大学、同志社大学等多くの大学を手掛けるようになりました。

ase がリブランディングに携わった東京ヴェルディクラブ

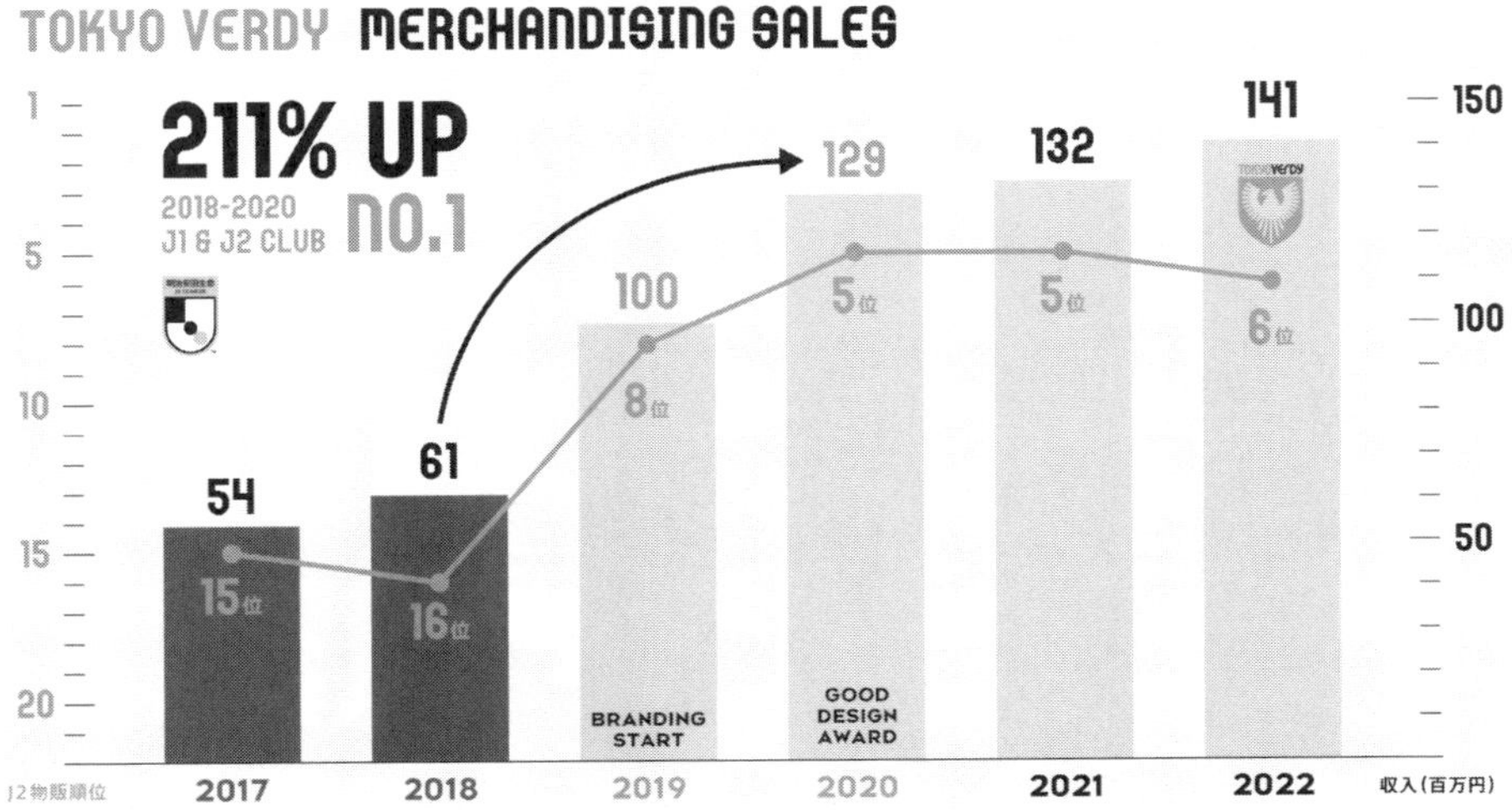

東京ヴェルディのグッズ等売上高推移

従来、大学スポーツは情報発信に対して消極的でした。「スポーツはやるものであり、見た目は二の次」という考え方に長い間とらわれてきたためです。しかし、現在ではスポーツを通じて大学の情報を発信する方向に変化が起きています。

大学向けのＥＣプラットフォーム「カレッジマーケット」では、大学のアパレルやグッズのオンラインショッピングサイトを通じて、大学のブランディングを促進し、学生や卒業生、地域・企業とのエンゲージメントを高める取り組みをすすめています。

また「ＣＨＥＥＲ ＵＰ！」という、学生の部活やチームを〝サシイレ〟でサポートするサービスも提供しています。こちらについては、今回の課題に関わるサービスになるので、後ほど詳細を説明します。

日本のスポーツを取り巻く環境の変化

２０１８年（平成30年）４月に、「日本体育協会」は「日本スポーツ協会」へと名称を変更し、さらに２０２０年から「体育の日」が「スポーツの日」へと改められました。

さて、日本には、長年にわたって「体育」と「スポーツ」という2つの言葉が存在してきました。この2つはどのように異なるのでしょうか？

1872年（明治5年）の学制公布により、日本に近代的な学校制度が導入されました。その後、欧米で一般的に行われていたスポーツを、日本人、特に男子学生の身体能力の向上、心身を鍛錬する手段ととらえ、教育の一環として取り入れたのが「体育」の始まりです。学校が教育の一環として体育を行うようになると、それぞれの競技ごとに部ができ、活動が行われるようになりました。当初は野球と陸上競技（マラソン）が主なものでした。

昭和になると、プロ野球等のスポーツの人気が高まり、部活動がスポーツの普及を支えるようになり、今に至ります。しかし、現代では少子化や教員の労働問題も影響し、部活動の運営が困難になり、学校がスポーツの振興にコミットすることの限界が指摘されています。

戦前のエンタテインメントだった六大学野球

米国では大学スポーツがエンタテインメントとして地位を確立していますが、日本でも東京六大学野球に人々が熱狂していた時代がありました。

東京六大学野球は、1931年（昭和6年）の明治神宮野球場の拡張工事の費用（現在の価値で約60億円）をすべて負担し、その時の約束として神宮球場を優先的に利用できる権利を保持しています。現在でも神宮球場ではプロ野球の日程より、東京六大学野球の日程のほうが優先されます。
なぜ、東京六大学野球にそれほどの資金力があったのでしょうか？　それは、当時の六大学野球がエンタテインメントとして非常に強い存在であり、集客力があったからです。選手にも多くのタニマチがついて、法外な金品を受け取れたり、優勝すると世界一周旅行に行ったりできたという話もあります。

しかし、野球人気が隆盛を極める一方で、大会スポンサーの獲得競争や組織の主導権争いが激化し、応援団による乱闘事件等の問題も発生していました。さらに、少年野球でも全国大会等が開催されるようになると、後援会による過度な経済的支援やスカウト活動により、学校に行かない生徒が出るような事態を招きました。
このような状況を受け、１９３２年（昭和７年）に当時の文部省が「野球ノ統制並施行ニ関スル件」（通称：野球統制令）を訓令として発布し、野球活動が公的に管理されることとなったのです。

これらのエピソードから理解できるのは、スポーツ、特に野球が日本において非常に古くから、エンタテインメントの側面でも大きな存在感を持っていたということです。しかしながら、当時の学生スポーツは「体育」という教育的側面が強調されていたため、過度な熱狂やビジネス化に対して規制がかけられたのです。

15兆円を稼ぐためにスポーツビジネスを推進

米国プロスポーツは巨大なマーケットです。一方で、日本のスポーツ市場は世界と比較して成長が遅く、欧米から遅れをとっています。

例えばプロ野球で見ると、アメリカのメジャーリーグ（MLB）と日本のプロ野球（NPB）の市場規模は1995年時点ではNPBが900億円、MLBが1400億円でしたが、2018年時点ではNPBが1800億円、MLBが1・5兆円と、大きな差をつけられています。

その分、NPBとMLBの年俸格差も大きな隔たりがあります。選手たちの平均年俸はNPBの9000万円に対してMLBは6億6000万円です。※5

そのような中で、日本政府は欧米に肩を並べるべく、

	NPB	MLB
1995年の市場規模	900億円	1400億円
2018年の市場規模	1800億円	1.5兆円
平均年俸	9000万円	6億6000万円

NPBとMLBの差
出典：ダイヤモンド・ザイ2023年1月号

※5　ダイヤモンド・ザイ2023年1月号「日米のプロ野球のおカネ事情をスポーツ経営学の権威・小林至さんが解説！　メジャーリーガー・大谷翔平選手の年俸が、日本の1球団の〝総年俸〟を上回る理由とは？」

２０２５年にスポーツ産業で15兆円の市場規模を目指すという目標を掲げています。しかし、現状の仕組みの中で収益を上げていくには限界があります。

新たな取り組みを推進していくには、まず、これまでスポーツに関わってきた人たちの意識改革が必要です。

例えば、小学生の野球の月の会費は、今でも２０００円程度で、これは塾やスイミングスクール等他の民営のスポーツ教室に比べて著しく低い水準にあります。これは野球の指導者が他のスポーツと比べて低い位置づけになっているとも言えますが、実際に野球の指導をしている当事者たちが「子どもの指導で金銭を受け取ることはよくない」という旧来の考えをいまだに持っており、ボランティア指導が改善される方向にはありません。

世界的に見れば、優れた指導者の収入が多いのは当然のことになっている現代において、こうした慣習の改善や意識を変化させていくことも重要なアプローチです。

さらには、従来、スポーツとは関わりの薄かった人々の意識改革も非常に重要になります。

スポーツ庁は経済成長の原動力として、スポーツと他産業との連携を重要な戦略として掲げています。スポーツを「する」「みる」「支える」というコンテンツとして位置づけ、その周辺にアパレル（ファッション）、飲食、教育、データビジネス等、「する」以外の接

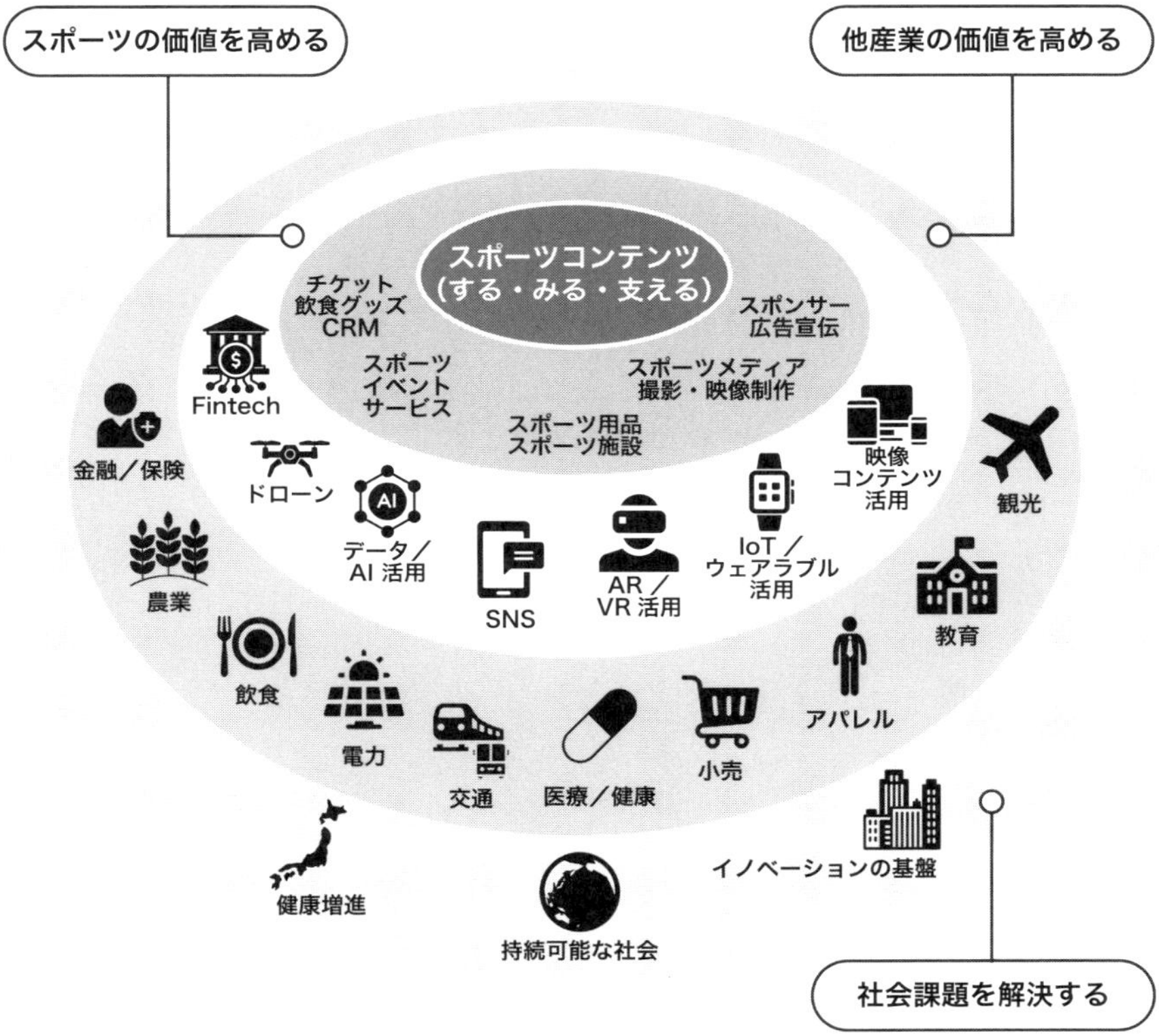

スポーツと他分野の融合によりスポーツ市場拡大を推進
出典：スポーツ庁 Web サイト

点を拡充することで、スポーツ市場の拡大を図るという構想です。

さまざまな産業に携わる人々がスポーツを「支える」という視点を持ち、新たな産業を創出していくことが、15兆円という市場規模の目標達成と、多様な社会課題の解決に不可欠なのです。

アメリカの学生スポーツの市場規模

アメリカの大学スポーツの象徴的な例として、カレッジフットボールの全米最大の大学スタジアムである、通称〝The Big House〟を紹介します。ミシガン大学が所有する、11万人を収容できる大規模スタジアムです。

大学が自主財源でこの規模のスポーツ施設を運営できることで、アメリカの学生スポーツの収益力を感じていただけると思います。

アメリカにはNCAA（National Collegiate Athletic Association：全米大学体育協会）という非営利組織があり、アメリカの4年制大学のスポーツ競技を統括しています。2024年現在で1098の大学が加盟する、巨大な組織です。

主なプロスポーツとNCAAの収益を比較すると

ミシガン大学のスタジアム「the Big House」
撮影：AndrewHorne

NFL：1兆950億円（130億ドル）
MLB：1兆7400億円（116億ドル）
NBA：1兆6500億円（110億ドル）
NCAA：1950億円（13億ドル）
NPB：1800億円（推定）
Jリーグ：1517億円

（著者調べ・2023年度　1ドル150円で計算）

NCAA単体で1950億円と、日本のNPBやJリーグを上回る収益を上げています。大学スポーツ全体でみると、市場規模は約1兆円とも言われています。

NCAAは収益の約8割を男子バスケットボール全米トーナメント（March Madness）等のテレビ放映権で得ています。それらの収益は他の競技も含め、加盟する大学に分配されています。

一方、各大学がどのように収益を得ているのかを見ていくと、チケットやライセンス・グッズ販売等、プロチームと同様の収益構造を持っていることがわかります。

そんな大きな金額を稼ぎ出す大学スポーツですから、ヘッドコーチの年俸も破格です。

項目	金額	割合
総売上	184 億円	100%
チケット販売	45 億円	24%
寄付	39 億円	21%
ライセンス・グッズ販売	63 億円	34%
大学の基金	7 億円	4%
その他	30 億円	17%

アラバマ大学スポーツ事業の収入（2014）
出典：USA TODAY「NCAA FINANCES」

監督	大学	チーム	年齢	年俸［M$］	年俸［億円］
ニック・セイバン	アラバマ大学	クリムゾンタイド	71	11.41M$	17.12 億円
ダボ・スウィニー	クレムソン大学	タイガース	53	10.88M$	16.32 億円
カービー・スマート	ジョージア大学	ブルドッグス	47	10.71M$	16.07 億円
ライアン・デイ	オハイオ州立大学	バックアイズ	44	10.27M$	15.41 億円
メル・タッカー	ミシガン州立大学	スパルタンズ	51	10.02M$	15.03 億円

カレッジフットボールコーチの年俸（2023 年　上位 5 名）
出典：Best Colleges　https://www.bestcolleges.com/research/highest-paid-college-football-coaches/

アメリカンフットボールのコーチの年収は平均で約5億円と言われており、一流のコーチは17億円以上の年俸で契約しています。

しかし、日本の学生スポーツのコーチはボランティア、あるいは職員としての契約が基本です。先ほど触れた、少年野球のコーチのボランティア指導等ということが当たり前にあるのが日本の現状なのです。

収益を得ていない日本のアマチュアスポーツ

日本にも高校野球や箱根駅伝のように、アマチュアスポーツのビッグコンテンツは存在します。２０２３年夏の全国高校野球選手権大会では慶應義塾高校が優勝しましたが、決勝戦のチケットは売り切れで、高額転売が問題となりました。

春の選抜高等学校野球大会も、夏の全国高等学校野球選手権大会もＮＨＫ等で連日放送されていますが、日本高等学校野球連盟は放映権料を取っていません。

出場校には規定の旅費と滞在費の補助が支給されますが、全額ではありません。さらにメンバー外の部員や応援団を現地へ送り込むとなると出場校の金銭負担はかなり大きなものとなり、ＯＢからの寄付やクラウドファンディング等でなんとか工面したという話は毎年話題にのぼります。

放映権料が取れれば大きな収入になります。安価で販売している観戦チケットもダイナミックプライシングを導入する等の手法で売上を伸ばすことはできるでしょう。現状得ていない収入を得ることで、出場校の負担を減らし、高校野球全体、ひいては高校スポーツ全体に何らかの利益をもたらすことができるのであれば、考える余地があるのではないでしょうか。

ＮＣＡＡは特に人気のあるバスケットボールとアメリカンフットボールで大きな収入を得て、大学を通じて他種目に分配することで、広く多くの競技を支援するしくみとなっています。

アメリカの大学がＮＣＡＡのＤｉｖｉｓｉｏｎⅠに所属するためには、少なくとも男女それぞれ７つ（または男子６つ、女子８つ）のスポーツチームを運営している必要があります。ＤｉｖｉｓｉｏｎⅡでも男女関係なく合計で10以上のスポーツチームが必要です。これは、メジャーな競技に偏ることなく大学スポーツの多様性と包括性を促し、学生アスリートに幅広い競技機会を提供するために規定されています。

これにより、競技の人気や商業的価値にとらわれることなく学生が自分の興味や才能にあった競技に打ち込むことができ、大学間の競争が促進され、各スポーツの競技力の向上につながります。

NCAAは2021年から選手が自らの名前、画像、肖像を利用して収入を得ることを許可する新しい方針を導入しました。この方針変更により、学生アスリートは自分のブランドを活用して、スポンサーシップや広告契約を結ぶことができるようになりました。

この背景には、大学スポーツが大学や学生だけの努力だけで行われているものではなく、地域と社会にしっかりとした接点を多く持ち、企業や個人を問わず、広く支えられることで存在しているという考え方があります。

米国での大学スポーツ、プロスポーツを問わず、このような意識が、スポーツが産業として大きく成長していく原動力になっていると考えられます。

体育館とスタジアム・アリーナ

次に、スポーツを行う施設について見ていきたいと思います。

欧米の「アリーナ」や「スタジアム」は、主に1種目の競技に特化し、集まった観客がゲームに集中し、興奮・熱狂できることを最優先に設計されています。

1面のコートと観客席があり、その中で多面的にビジネスを展開しています。

また、音楽ライブやビジネスイベント等多目的に利用され、そこでも多くの観客を集めます。

そして、これらの機能により、周辺地域に経済効果をもたらし、商業施設やホテル、住

スポーツをハブに地域に街ごと開発する手法に注目が集まる
写真：shutterstock

宅、公共交通機関等が整備され、街全体の発展につながっています。

日本では、2023年に開場したエスコンフィールド北海道がある、北海道ボールパークFビレッジがまさにその形を取っています。現在はまだスタジアム周辺は閑散としていますが、今後、大学の移転や病院の建設、そしてJRの駅も新設される予定があり、それに伴い周辺の開発が進む予定となっています。

一方、従来の日本における体育館や競技場について考えてみましょう。

コートは複数面取ることができます。建築物の規定にそって数十億円を投じ、年間1億円ほどのコストで40年~50年間維持します。国体（現在は国スポ）は各県持ち回りで毎年開催されるので、その間に一度は大きなイベントがやってきます。普段は地域住民のスポーツ拠点として活用されることを想定しているので、ビジネスとして収益をあげるという考え方を持たずに設計されているのが、従来の体育館でした。

現在、スポーツ庁が推進する「スタジアム・アリーナ改革」により、欧米型の施設が全国に増えつつあります。今後、新たな価値を持つこれらの施設により、施設の収益化、周辺地域の活性化が進むことが期待されています。

新たなスポーツのクラブモデル

日本の主なスポーツは、学生時代は学校の部活動、実業団やプロスポーツは企業が主体となって運営されています。プロ野球チームに企業名が入っているのは日本と韓国、台湾のみです。

ＮＰＢのチームは親会社と会計を共にしていますが、ＭＬＢのチームは独立採算制です。ＭＬＢではチームの価値が上がると売却されることがあり、オーナーは頻繁に変わりますが、チーム名は変わらず、地域に根ざしているためファンも引き継がれます。

今後、日本でも学校や一社経営に頼らない、多様なステークホルダーと価値を創造し社会貢献するクラブが、チームやアリーナを運営するモデルへと変化していくでしょう。このモデルを採用する団体は都市部だけでなく地方にも増加すると予想されます。

「する」だけでなく「見る」「支える」スポーツのクラブモデルへ

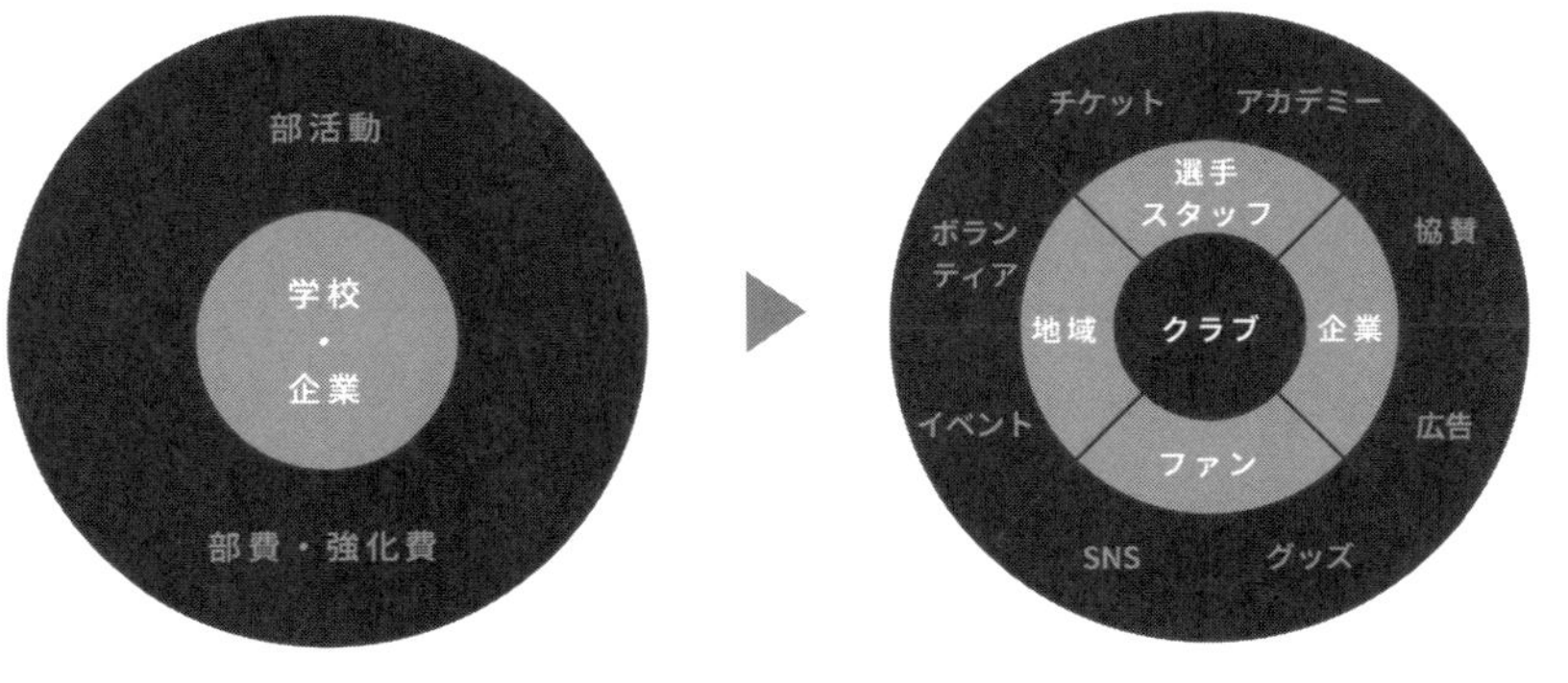

学校・一社経営に頼らず、多様なステークホルダーと主体的に価値創造・社会貢献するクラブへ

新たなスポーツのクラブモデル

こうしたクラブはオーナー会社に縛られず、運営がうまくいけば長く存続できます。ファンは地元で応援でき、関連ビジネスが発展し、地域経済に貢献します。クラブの存在が多くのステークホルダーをＷｉｎ‐Ｗｉｎな関係で結びつけ、クラブ自体が愛される存在となります。そうやってクラブの価値が高まれば、次のオーナーにも高い価値で引き継がれていくでしょう。

このためには、スポーツをするチーム側もこうした環境を意識し、活性化させていくことが重要です。

スポーツそのものでお金を循環させる

お金が循環しないと物事は進まないにもかかわらず、スポーツ界には「お金を稼ぐことは悪」というイメージがあります。特に学生スポーツでは収益を得ることに抵抗があり、意識改革が必要です。優れた指導者がボランティアとしてしか活動できない現状では、スポーツの発展は望めません。

結局、お金がなければなにも進められないので、運営母体はスポンサー獲得を目指します。しかし、スポンサーは自社の利益でスポンサードするので、そのお金が関係しているのは、勤めている従業員や取引先や顧客です。また自治体から支援を受けるにしても、そのお金は自治体に納められた税金であり、地域の企業や個人と密接な関係のあるものです。スポーツチームやクラブを運営するなら、それらだけに頼るのではなく、スポーツそのもので収益を生み出し、そのお金を選手に還元したり、環境整備の投資に使うべきです。また、選手やステークホルダーがより良く関われる制度や仕組みを設計する必要があります。こうした考え方が浸透すれば、日本のスポーツの地位向上につながります。

スポーツの新たな支援の形を考える

お伝えしてきた通り、日本のスポーツのルーツは大学スポーツです。そこから発展してプロスポーツが生まれましたが、スポーツに関わる「する・みる・支える」のうち、「する」人にリソースが集中してしまい、みる人、支える人に対する配慮が足りませんでした。

現在、プロスポーツではみる人を楽しませる演出がたくさん用意され、支えるための産業も動きはじめています。しかし、大学スポーツは教育という側面が強調されたことで、みる、支えるということに意識を向けて取り組んできた人が少ないと思います。

それでは今回の課題を発表します。

各グループでCHEER UP！を実施し、スポーツの新たな支援について考察する

aseが始めた、CHEER UP! というサービスがあります。一言で言うと、応援したい部活動やチームに差し入れができるサービスです。

日本の大学における体育会の部活は、大学オフィシャルではありません。メジャーな部は別として、活動費は自分たちが支払う部費や、OBからの寄付等でまかなっています。最近ではクラウドファンディングも活用されていますが、システム利用料や返礼品の送料等を考慮すると、実際に手元に残る金額は達成額の約半分とも言われています。

CHEER UP!は、クラウドファンディングのように一般から出資を募りますが、サポート先に渡るのはお金ではなく、必要な物資です。システム利用料は無料で、ECサイトとして、渡す物資を仕入れて販売する利益で運用しています。金額も軟式ボール1つなら730円等と、少額から支援が可能です。

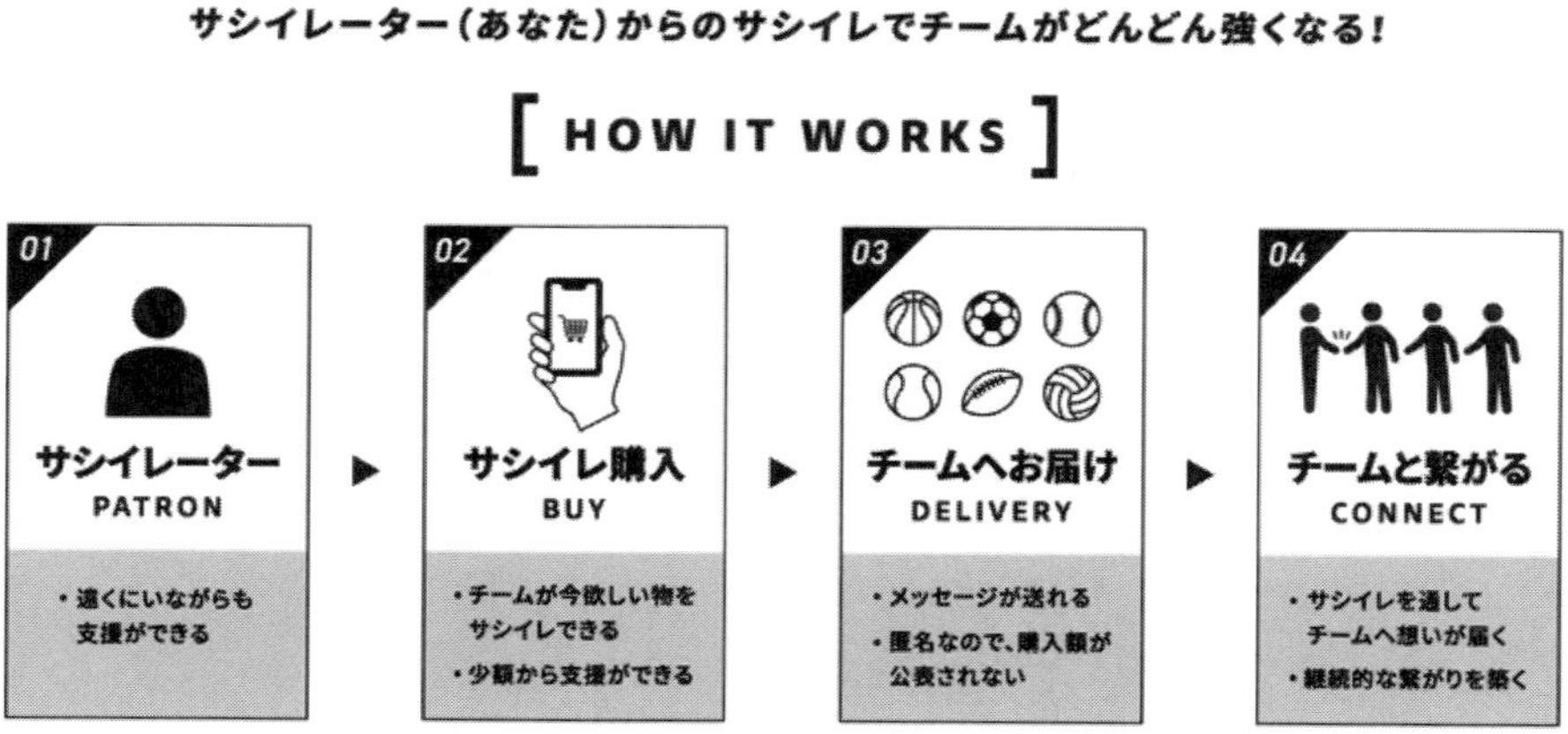

CHEER UP !の説明図
出典：カレッジマーケットWebサイト

それぞれの部活が必要なものをリストアップし、出資を募ることができます。例えば、ある野球部の年間のボール購入費は約２００万円ですが、ＣＨＥＥＲ ＵＰ！でボールのサシイレを募り、必要数を達成しました。また、他の野球部の寮で消費するお米は年間約１トンだそうで、こちらも達成しています。

日本人はお金をやりとりすることに躊躇する傾向がありますが、お中元やお歳暮、差し入れのように、モノをやりとりすることはよくあります。ＣＨＥＥＲ ＵＰ！なら匿名で支援できますし、メッセージを送ることも可能です。「推し活」としても活用できると思います。

そこで、今回の課題はこのＣＨＥＥＲ ＵＰ！を実際に実施し、考察してもらいます。

ＫＰＩは、

１．総額（プロジェクト数×金額）

２．サシイレーター数（支援人数）

３．達成率

＋サービスに関する気づき（伸ばす点・改善点等）

とします。

講義　中村考昭氏

ゼビオホールディングス株式会社　副社長執行役員
クロススポーツマーケティング株式会社 代表取締役社長兼執行役員
東京ヴェルディ株式会社　代表取締役社長
東北アイスホッケークラブ株式会社　代表取締役

プロフィール
一橋大学卒業後、株式会社リクルートやコンサルティング会社を経て、2010年にゼビオ株式会社（現　ゼビオホールディングス株式会社）に入社。2011年クロススポーツマーケティング株式会社 代表取締役社長に就任。スポーツマーケティングの専門家として、アリーナ事業やプロスポーツチーム運営に携わり、Jリーグ東京ヴェルディやアジアリーグアイスホッケー東北フリーブレイズの代表、3人制プロバスケリーグ3x3.EXE PREMIERのコミッショナーも務める。

クロススポーツマーケティングの事業内容

ゼビオホールディングスは、スポーツ用品の小売店をチェーン展開しているグループで、日本およびアジアで、スポーツ・レジャー用品大型総合店「スーパースポーツゼビオ」、「ヴィクトリア」、ゴルフ用品専門店「ヴィクトリアゴルフ」、「ゴルフパートナー」、アウトドア専門店「エルブレス」等、約900のスポーツ用品店を展開しています。

ゼビオホールディングスはそれらを展開しているグループ企業を持つ、純粋持ち株会社であり、上場企業です。傘下には多くの事業会社があります。

その中で、私はスポーツ用品店以外の事業を管轄している企業、クロススポーツマーケティング（XSM）の社長をしています。XSMはその名の通り、スポーツに関わるマーケティング活動を専業で行う60人ほどの会社です。

また、Jリーグ東京ヴェルディやアジアリーグアイスホッケー東北フリーブレイズの代表、3人制プロバスケットボールのグローバルリーグ3×3．EXE PREMIERのコミッショナーを務めています。

また、ハード面では、ゼビオアリーナ仙台、FLAT HACHINOHEを建設、運営しています。

FLAT HACHINOHEは常設のアイスリンクを持ちながら、断熱床をリンク上部に重ねることで、通常のアリーナとしても利用できる画期的な施設となっています。

日本の大学スポーツの現状

慶應義塾大学には実に40以上の運動部があり、スポーツへの取り組みが盛んな大学として知られています。慶應義塾体育会野球部、慶應義塾体育会蹴球部（ラグビー）、慶應義塾体育会ソッカー部（サッカー）、慶應義塾体育会競走部（陸上競技）等の運動部は日本の大学スポーツの中でも由緒と歴史があるチームと言えるでしょう。

アメリカにも、スポーツへの取り組みで有名な大学が多く存在します。例えば、「ＵＣＬＡブルーインズ」やハーバード大学の「クリムゾン」等が挙げられます。アメリカの大学スポーツは、その大学のアイデンティティを表す統一されたロゴ、カラー、チーム名を持つことが一般的です。これにより、種目に関わらず大学全体で一貫したブランドを形成しています。

対照的に、日本の大学スポーツでは競技ごとにチーム名やカラーが異なる傾向があります。慶應義塾大学も例外ではなく、複数の運動部がそれぞれ異なるチーム名、ロゴ、カラーを使用しています。この縦割りの構造は、日本の大学スポーツが抱える大きな課題です。

スポーツの基本的な価値は、「人」が競い合って、勝ち負け、順位がつけられる世界であることにあります。フィジカルな存在として個々の人が集まり、競い合うからこそ、人はスポーツに魅了されるのです。そして、活動する人が所属する「場」である、大学や地域と密接に結びついていることが重要です。所属する大学や地域を代表して戦うことで、選手やチームは強いアイデンティティを形成し、コミュニティが一体感を持つことで活性化します。

日本は少子高齢化、労働人口の減少、国力の低下といった課題に直面しています。こうした環境の中で、縦割りのアプローチでは問題の解決には至らないでしょう。スポーツをする人口は、国の総人口に比例すると言われています。日本の人口を2倍にできればスポーツ人口も2倍にできますが、人口を維持することすら困難な現状では、別のアプローチが必要です。

例えば、1人が複数のスポーツを行うことによって、スポーツ人口を増加させることができるのではないか？　こうした視点を持つと、マーケットを構成する要素は一切変わっていないにもかかわらず、大きく状況を変えていけます。マーケットをどのように捉え、どうアプローチするのか、どう解釈するのかにより、マーケットは2倍、3倍に大きくなります。

東京ヴェルディ、16競技の「ワンクラブ」

Ｊリーグが30周年を迎えた現在、東京ヴェルディは全16競技に参加する総合クラブ「東京ヴェルディクラブ」へと進化を遂げました。東京ヴェルディクラブは、選手とスタッフを合わせて約５００名の規模を持ち、下部組織やアカデミー、スクールには７０００人以上が所属しています。サッカー、野球、バスケットボール（３×３）等の従来から人気のあるスポーツの他に、スケートボードやｅスポーツ等の新たなスポーツ等を含む、16の競技が統一した「ワンクラブ」のブランドのもとで活動しています。

スポーツには「メジャースポーツ」や「マイナースポーツ」等という言葉がありますが、実際にはスポーツそのものにメジャー・マイナーの区別はありません。メディアの取り上げ方やメディアバリューによって、スポーツの認知度が変わるだけです。

スポーツをする楽しさにメジャーやマイナーの区別は無意味です。興味を持ってどんどん多くのスポーツを体験するほうがよいのです。

ラグビーワールドカップ２０１９日本大会の後には、大学ラグビーの練習場を見学する人が増えました。東京２０２０オリンピックの後には、東京ヴェルディクラブのスケー

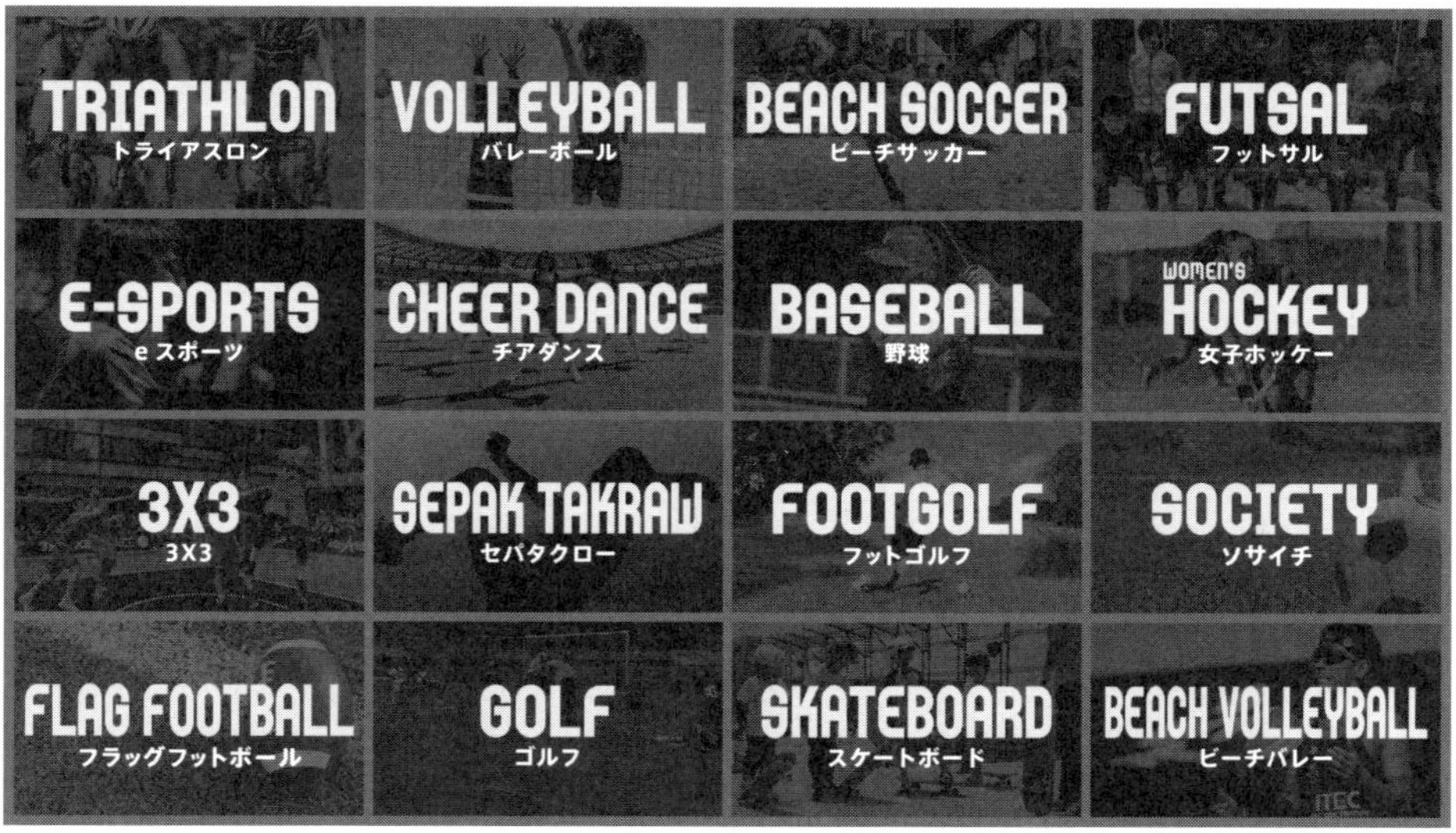

東京ヴェルディクラブの競技一覧
出典：東京ヴェルディクラブ Web サイト

トボードのスクール生が約１００名から約３０００名へと劇的に増加しました。

このように、国際大会はスポーツの人気に大きな影響を与えます。パリ２０２４大会ではブレイキンが登場し、ロサンゼルス２０２８大会ではフラッグフットボールやラクロス等が新たに採用される予定です。これにより新たな人気スポーツが生まれる可能性が高く、さらにスポーツは多様化されていくでしょう。

マルチスポーツ体験

東京ヴェルディクラブでは、１人が2~3種目を体験できる「マルチスポーツ体験」を重視しています。このアプローチにより、子どもたちはさまざまなスポーツにチャレンジしながら、自分の向き不向きを考えることができます。

スポーツを始めたばかりの子どもたちには、親の意思で参加している子どももいます。本当に自分がスポーツをやりたいのか、自分がどの競技に向いているのか等をまだ分からないことも多く、多様な体験をしてもらうことが大切です。

そこで、直接開催するスポーツ体験会だけでなく、地域のイベントにも参加し、さまざまなスポーツに触れる機会を提供しています。また、地方自治体と協力し、マルチスポーツキャラバンのチームを組んで各地に出向き、体験イベントを実施しています。

さらに、東京ヴェルディクラブにはマルチスポーツを目的としたスクールがあります。このスクールは、特定のスポーツでの勝利や戦術の習得を目的とするものではなく、スポーツの楽しさや身体能力、運動能力の成長に重点を置き、空間認知や身体操作、動作を変換する力の改善等、活動する力を育むことを目的としています。このような体験を通じて、どの競技が自分に合っているのかを知ったり、スポーツ以外の興味や才能を発見したりすることができます。

「みる」人、「支える」人のワンクラブ

東京ヴェルディクラブは、「ワンクラブ」としてブランドを統一し、ユニフォームのデザインも共通にしています。この統一感により、ある競技の応援に来たファンが他の競技の応援にも参加しやすくなり、応援者の数を増やす効果があります。

例えば、サッカーの「東京ヴェルディ」の試合に、他の競技のヴェルディの選手やファンの方が応援に来てくれたことがあります。このように、クラブ間で他の競技も応援することで、全体の応援者数が増加しています。

また、提携関係にあるアイスホッケーチーム「東北フリーブレイズ」も、東京開催のホーム試合では東京ヴェルディと似たデザインのユニフォームを着用し、同様の戦略で応援者

を増やしています。
このような取り組みは、ファンの応援の輪を広げ、クラブ全体の一体感を高めるために有効です。そして、みる人もマルチスポーツを楽しめば、スポーツ全体の観戦者数は大きく増加します。

また、スポーツを継続的に支えるためには、選手やファンだけでなく、地域スポーツクラブ、学校、地方公共団体、スポーツ団体、企業等、多くの組織や個人が関与する必要があります。

スポーツクラブの「フロント」と呼ばれる運営スタッフの仕事には、チケット販売、会場運営、スポンサーサポート、ファンクラブ運営、グッズ開発、Ｗｅｂサイト管理等がありますが、この業務には競技を問わず共通する部分が多くあります。そこで、東京ヴェルディクラブでは、アイスホッケーチームの運営スタッフがオフシーズン中にサッカーチームの運営に参加し、幅広い運営スキルを学ぶ取り組みを行っています。
これにより、クラブ全体の運営効率が向上し、スポーツ環境のさらなる充実が図られています。

複数のスポーツに関わることが当たり前になる社会へ

日本サッカー協会に登録されている選手数は約83万人とされています。その中で、プロ選手はＪリーグのＪ1、Ｊ2、Ｊ3の合計60チームに所属する、約１８００人です。この１８００人はサッカー選手の中でも頂点に立つ、非常に高いレベルの選手たちです。

残りの選手たちはアマチュアであり、多くは地域リーグやジュニア・シニアリーグ等で活動しています。このアマチュア層には運動能力が高い選手も多く、これらの選手がマルチスポーツに取り組むことで、新たな可能性が広がります。

アマチュア層がマルチスポーツの価値を理解し、複数の競技に取り組むことで、スポーツのすそ野が大きく広がることが期待されます。例えば、サッカー選手が他のスポーツにも積極的に参加することで、身体能力や運動能力の向上が図れるだけでなく、他のスポーツへの興味や才能の発見にもつながります。

また、複数のスポーツをプレイする人が増えれば、例えば週ごとに異なるスポーツに参加することで、メンバーが揃いにくい競技でも複数のチームを組むことができます。

このように、複数のスポーツに関わることが当たり前になる社会を目指すことは、全体のスポーツ環境を活性化させ、より多くの人々がスポーツを楽しむ機会を提供することにつながります。また、選手層の広がりは、スポーツ全体の成長を促進し、競技のレベル向上にも寄与するでしょう。

縦割りの構造を脱し、複数のスポーツを楽しめるようにするには

東京ヴェルディクラブの運営は、非常に珍しい取り組みと受け取られることが多いようです。しかし、ビジネスの観点から見ると、それほど変わったことや難しいことをしているわけではありません。

例えば、一般的にスポーツチームは競技ごとに分かれて運営されています。これらのチームが単独で活動するのではなく、地域や、所属する団体内で連携して活動する方法があるのではないでしょうか。商業的な理由でトッププロチームは分けて考える必要があるかもしれませんが、それ以前の段階のスポーツであれば、2～3種目を組み合わせて「する」「みる」「支える」という活動を並行して行うことは可能ではないかと考えています。

なぜ、日本のスポーツ界ではこうした取り組みが進まないのでしょうか？

少子高齢化による市場の縮小が前提とされる中で、縦割りの構造が自らをしばり、より厳しい状況に置いているのではないかと感じます。もし、縦割りの壁を取り払うことができれば、「する」「みる」「支える」人たちの数が2～5倍に増える可能性があり、それに

伴い市場も2～5倍に拡大することが期待できます。

日本のスポーツ界では、縦割りの構造を壊しづらい状況になっています。これをどうにかして横断的な展開に変えるためには、どのようなアイデアや方法論が考えられるでしょうか？

設定課題：東京ヴェルディクラブに向けた、マルチスポーツを推進するための施策を考えてください。

総合クラブとして活動している東京ヴェルディクラブですが、まだまだ私たちがやれることがあると感じています。そこで、実際に取り組むことができる具体的な施策を検討してください。あるいは、東京ヴェルディクラブが参加することで実現できる取り組みでもかまいません。

迅速に効果が得られる取り組みと、時間がかかる難しい取り組みがあるかもしれません。それぞれの難易度や実現可能性を把握し、どのような施策が実行可能かを明確にすることが重要です。

・スポーツに関わるチームやその他のステークホルダーに、どのようにしてこの考え方を広めることができるか？

・どのようにして応援者を増やすことができるか？

・相互関係を深めるためには何をするべきか？

・マルチスポーツの普及とその障壁

スポーツを複数取り入れることが当たり前の社会を作るためには、なんらかのきっかけが必要だと思います。さまざまな立場の人がスポーツに関わっていますが、その人たちにどのような行動変容を促したら、取り組みが加速するのでしょうか。

・スポーツを「する」こと、経験すること

・「みる」人たちは、どうすれば2つ、3つのスポーツを応援するようになるか

・運営スタッフや関連企業等、「支える」側の動き

1人が2つまたは3つのスポーツに関心を寄せ、積極的に関われば、市場は数倍に拡大するはずです。なぜ、このひねりのないシンプルなアプローチが日本の社会で実現できないのかを考え、その意識を行動に変えるための取り組みをぜひ提案してください。

第4章

スポーツを地域振興に活かすための視点

スポーツを地域振興に活かすために必要な要素として、第2章で3つの視点を定義しました。

・みる、する、から「支える」スポーツへ
・マルチスポーツへの着目
・ハードとソフトの共鳴

講義では、専門家の皆さんに、それぞれの立場からスポーツと地域振興に関する話をうかがいました。ここでは、講義の内容を踏まえながら、この3つの視点についてさらに検討を重ねていきます。

スポーツを「支える」ことを真剣に考える

支える人がいないと、する人、みる人もいなくなる

スポーツを「支える」という部分は、文字通りスポーツ発展の土台となるもので、とても重要な役割です。しかし、わが国においてはスポーツを支えることの重要性や価値が十分に認識されていないと感じます。

現状、地域のスポーツ団体等は、人の善意とボランタリー頼みで成り立っているところがほとんどです。

第3章で熊本氏が言及した少年野球のボランティア指導のような、無償、あるいは低報酬で指導を行っている人はもとより、その周囲でチームを支えている人々も同様に無償での奉仕で動いています。どのスポーツ団体にもチームの面倒を見たり、施設や用具の管理をしたりする人、いわゆる「マネージャー」的な動きをする人が必ずいるはずですが、何の疑問も抱かず無償で動いていることが多いように見えます。

そして、その人たちも、その人たちに支えられている人たちも、それが当然だと考えて

います。それが大きな問題で、無償で支えてくれる人がいなくなった時、それを「無償」で引き継ぐ人がいなければ、活動は簡単に停滞します。

ボランティアで面倒を見てくれていた人が引っ越すために引き継ぐ人を探したが、引き受ける人は誰もいなかった、コーチを打診されたので報酬はどのくらい頂けるのかと尋ねたら、お金を取るのかと驚かれた、等という話も聞こえてきます。

このような状況の中、引き継ぎがうまくいかず、やむを得ず解散した団体もあります。スポーツによる地域振興を考える上で、地域に根ざしたスポーツ団体の存続の危機について真剣に考えなければいけません。

「支える」ことは、「する」人や「みる」人を増やすためにも、特に力を入れて改善していかなければならない領域なのです。


また、別の側面では、スポーツ大会を開く場合にスポーツボランティアの人をたくさん集めるためにはどうするのか、ボランティアの人たちを管理する方法や費用の捻出はどのようにするのか、といった議論もよく聞かれます。

本来であれば、人がたくさん集まるスポーツ大会であればあるほど、スポーツボランティアの存在を前提とせずに人員を確保し、大会の運営や開催ができる環境や仕組みを作り上げたほうがよいのです。そのほうが、今後の地域振興につながるスポーツを作り出し、持続可能な大会運営が実現できるはずです。

「支える」を支えるテクノロジー

何かの会を開く時、例えば同窓会等では、気の利く幹事さんがいるとその会には人が集まりやすく、楽しく盛り上がります。満足度が高いから、継続して開催することになり、人と人がつながり、それがコミュニティの醸成となり、維持されていきます。

現在、地域の人が集まり運営されている小規模なスポーツ団体は、この幹事さんと同じタイプのリーダーがいることが多いようです。

ただ、同窓会やOB会は年に1度程度の開催ですが、スポーツは集まる頻度がもっと多いものです。練習して試合をすることをやり続ける継続性、持続性がとても大切で、人と人が直に顔を合わせる頻度が高いコミュニティを維持していくことになります。こうなると運営者の負担は多大なものになります。

この、リーダーや世話役にあたる人々の負荷をいかに低減するかが、スポーツ団体の存続、増加には必要な要素になります。

最近ではTeamHubのようなチーム運営をサポートするアプリがあります。また、試合相手や新しい参加者の募集等のマッチングのサポートもアプリで作業を代替、軽減できるようになると、結果としてコミュニティの維持、発展、継続がしやすくなります。

また、子どもが地域スポーツに参加すると、チームの世話や試合時の送迎等の役割を担うために、その親も強制的に参加せざるを得ないという状況が一般的です。そのため、親に過度な負担がかかり、親の都合で子どもがスポーツを続けられなくなったり、また、親自身がスポーツをする機会が失われるという状況があります。こうした見えにくい負担を、テクノロジーの活用でどうやって軽減していくかというチャレンジはまだまだ不足している段階です。

このように、現在は「支える」領域に過大な負荷がかかっていることで、地域スポーツに取り組む環境全体の向上が難しくなっています。

しかし、テクノロジーを上手に活用してサービスや仕組みを構築し、ボランティアや親御さんに頼っていた部分を代替あるいは負担を軽減できれば、スポーツを「する、みる」環境そのものが底上げできます。

昨今、地域のスポーツ団体を「支える」ための具体的な取り組みとして、デジタル技術やネットワークを活用したマッチングプラットフォームや、企業の社会貢献活動との連携が注目されています。

例えば、公益財団法人日本スポーツ協会では、学校やクラブが求めるスポーツ指導の専門家（公認スポーツ指導者）をマッチングできる「公認スポーツ指導者マッチング」を運営しています。また、クラウドファンディングサイト「ＣＡＭＰＦＩＲＥ」では、地域スポーツチームの活動資金を募集するためのカテゴリーが設けられており、多くのプロジェクトが成功を収めています。

さらに、地域の企業と社会貢献活動の連携では、デンソーのバレーボールチームが会社の拠点がある4市とホームタウンパートナー協定を締結し、行政と連携しながらバレーボールと地域を盛り上げることを目指した活動を行っています。また、Ｊリーグのヴィッセル神戸は、地元企業とのパートナーシップを通じて、ユース選手の就職支援や地域貢献活動を展開しています。加えて、東京都スポーツ推進企業認定制度のような取り組みでは、企業が地域のスポーツクラブを財政的に支援するだけでなく、社員が直接サポートスタッフとして参加することが奨励されています。これは、単なる資金提供にとどまらず、社員の参加による現場での支援や地域住民との交流を促進し、企業の社会的責任（ＣＳＲ）活動の一環としても活用されています。

また、地域のスポーツ団体を維持するためにも、負荷を低減できるようなテクノロジーの開発には行政からの補助を傾斜的に配分して積極的に実現していくことが、地域のスポーツの活性化を加速する原動力の１つになると考えられます。

事例：ビジネス感覚をスポーツによる地域振興に取り入れる NPO法人銚子スポーツコミュニティー（千葉県銚子市）

千葉県銚子市は関東最東端に位置する人口約5万4千人の市で、東と南を太平洋に、北は利根川に囲まれ、海に突き出た半島の地形となっています。観光や農業、漁業、食品加工工場等の産業が盛んですが、人口減少と少子高齢化が進む中で、地域経済の衰退傾向が進んでいることが課題のひとつとなっています。

■民間発の地方スポーツコミッション

地元企業の経営者である小倉和俊氏は趣味のサイクリング仲間と大会に遠征した際に、大会の開催と開催地を訪れる参加者がもたらす経済効果に気づき、地域活性化を目指して仲間とNPO法人「銚子スポーツコミュニティー」を設立しました。

役員は民間人のみですが、自治体とも密接な連携をとりながら地元のスポーツ大会等の運営、大会関連イベントの開催や、参加者、観戦者向けの宿泊施設や飲食店との連携等、地元の活性化に向けて幅広く活動しています。

大会ごとのアンケート調査等も実施しており、市で次年度以降の開催中止の検討がされた際に、調査結果をもとに経済効果を実証し、大会中止を回避したこともありました。また、地元出身の野球レジェンドやオリンピアン等とも協力し、市民が参加できるスポーツ教室やイベントを展開しています。

■廃校を合宿所・研修施設にリノベーション

市内にスポーツ合宿向けの宿泊施設があれば地域の活性化につながると考え、小倉氏が中心となり、地元銀行からの融資、地域経済活性化支援機構からの投資、クラウドファンディングで資金調達し、旧銚子市立西高校をリノベーションした宿泊・スポーツ施設「銚子スポーツタウン」を2018年にオープンしました。運営は銚子スポーツコミュニティの役員を中心に民間で行っています。

4万平米の広大な敷地に野球場2面、3階建て体育館、宿泊施設を完備しており、宿泊施設と練習設備が同敷地内にあることで、野球とバスケットボールを中心に、多くのユーザーを獲得しています。

また、2019年には2017年に閉校した旧猿田小学校を活用したレンタルスペースを開設。銚子スポーツタウンから車で5分の場所にあり、セミナーや料理教室等の利用を想定した、学びに特化したサテライト施設として運用しています。

■地域スポーツクラブ、スポーツ教室の運営

銚子スポーツタウンでは幼稚園〜小学生向けスポーツ教室「鹿島アントラーズサッカースクール銚子校」や「千葉ジェッツふなばし 銚子スクール」を開催し、地域の子どもたちにスポーツに取り組む機会を提供しています。

また、地元出身の元プロ野球選手、木樽正明氏を監督に迎えた年齢不問の野球チーム「木樽ドリームズ」や、地元出身のリオ五輪トライアスロン代表である選手加藤友里恵氏によるランニング教室等を運営し、幅広い年齢層に向けて、市民のスポーツ活動支援や指導者育成にあたっています。

支えるビジネスで市場を拡大する

スポーツ庁が掲げる「スポーツと他分野の融合」の図（第1章16頁、第3章93頁）を見ていくと、「他産業の価値を高める」となっているエリアにある業種は、一見スポーツと関係のなさそうなものも混じっています。

具体的にどのようにスポーツと関わっていくのかを簡単に見ていきたいと思います。

金融／保険

入場チケットのデジタル化が進み、オンライン決済はもちろん、試合に行けなくなった場合に第三者に譲渡できる、リセールの仕組みが整ってきています。これにより法外な価格での転売を行うことが難しくなり、チケット流通が健全に行われます。
保険業界は、地域スポーツクラブ向けの保険や、スマートフォンやスマートウオッチで測定した個人の運動記録をもとに、保険料の割引がある保険商品等があります。
また、米国ではプロスポーツチームを証券化し、株と同じように売買を可能にし、売買代金の一部をチームに還元するサービスも存在します。

飲食

「スタジアム／アリーナグルメ」は、プロスポーツの観戦時には欠かせない要素で、大きな売上をあげています。また、観戦前後やスポーツイベントに参加する前後に近隣の飲食店を利用することが増えるため、地域の活性化につながりやすい産業です。

交通

スタジアムやアリーナへの移動のために公共交通機関は欠かせませんが、人流情報等を活用することで、よりスムーズな会場アクセスが実現できるかもしれません。また、無人のシャトルバス等も将来的には実現可能となるでしょう。

医療／健康

運動による健康増進のためのサービスや、スポーツに特化したコンディショニング、サプリメント等、幅広く関わりがあります。第3章で鈴木啓太氏が触れたような、匂いによるセンシングでの健康管理等、新たなテクノロジーの活用で今までにないサービスが開発されることが期待できます。

小売

競技をするために必要な用具、スポーツ用品、トレーニング機器といった直接的な需要のほか、観戦を快適にする商品やファン向けグッズ等、スポーツ人口が増えるほど市場は拡大すると考えられます。また、製品をつくる製造業等、周辺の産業にも好影響を与えます。

アパレル

吸湿、速乾、着圧サポート等の製品自体の高機能化に加え、スポーツウェアにセンシング機能を搭載する等、従来のアパレルから進化した製品が出てきています。

教育

スポーツをする人のためのスクールのほか、指導者やスポーツトレーナーを育成する教育機関があります。また、テクノロジーを活用し、指導者が足りない場所でも指導が受けられるような仕組みが今後活用されるでしょう。

観光

単に観戦や参戦目的のスポーツツーリズムから進化し、地域のファンを増やし、観戦や参戦以外でも来訪してもらえることを目指して、地域の名所等の観光や、特産品のワークショップ等を加えた地域色の濃い取り組みが増えています。

農業

スポーツ産業が農業とコラボレーションすることで、相互にメリットが生まれる関係を築くことが可能になります。

例えば、ヤクルトスワローズの「つば九郎米」は、東京ヤクルトスワローズと新潟県燕市との交流・連携事業の一環として生まれたブランド米で、田植えや稲刈りの時にイベントを開催し、チームの応援と地域の人やファン同士の交流を図っています。

また、農作業をワークアウトとしてとらえ、農家とスポーツメーカー等がコラボレーションを図る動きも出ています。

電力

大きな電力を消費するスタジアムやアリーナでは、その電力消費を抑え、さらにサステナブルな電力に置き換えることに注力しています。海外ではサッカー場の人の動きをエネルギーに変換して発電するスタジアム等、さまざまな取り組みが行われています。

このように、あらゆる分野とスポーツのコラボレーションは可能です。今後もテクノロジーの進化とともに思いもよらないような画期的なサービスが生まれていくでしょう。支える分野は、スポーツ市場の土台となります。土台が活性化すれば、する人もみる人も活動しやすくなり、結果として周辺市場を含む市場全体の活性化につながります。

マルチスポーツでスポーツ人口を倍増させる

マーケットを拡げるためのキーポイント

マルチスポーツは、複数のスポーツに関わることで市場を拡大し、少子高齢化に対抗するための重要な戦略です。スポーツ庁では日本型マルチスポーツ環境を構築すべく、2024年度に「地域における子どもたちの多様なスポーツ機会創出支援事業」を開始しました。その中で「他競技を経験することは身体機能の向上やケガの防止だけでなく、複数のコミュニティへの所属を通じて、子どもたち自身の社会性や協調性等を育む機会の増加にもつながるなど教育的意義も大きい」と言及しています。

スポーツを取り巻くビジネスやマーケティングという観点では、1人が複数のｎというスポーツをすることによって、nの数だけマーケットが倍増します。1人が2つのスポーツをやれば2倍、3つのスポーツに関われば3倍です。

人口減少が進むなかで、マルチスポーツが進むことはビジネス側からみるととても重要なポイントと言えます。

大人がマルチスポーツに取り組むメリット

第2章でも若年層向けのマルチスポーツについて触れましたが、大人についてはどうでしょうか。

特にエルダー層は時代背景のせいなのか、スポーツについて「やるからには上手でなければならない」「たくさん練習して試合に出なければならない」「勝つためには歯を食いしばってやる」というような、いわゆる「スポ根」的なムードがあります。そのため、学生時代に経験したスポーツならまだしも、興味があっても経験のないスポーツには尻込みしがちです。

しかし、成人、社会人になってからのスポーツは、単純に勝ち負けのためにやるということよりも、むしろライフスタイルの一部として、健康を気遣う、余暇を過ごす、仲間のいるコミュニティに参加するといった楽しみや刺激として取り組んでよいものです。複数の趣味を持つように、複数のスポーツを楽しみ、様々な人たちとのつながりを深めていく。

そんな余暇の過ごし方も素敵ではないでしょうか。

アイスホッケーが盛んな八戸市には、大人になってから競技を始めた人が集まる、趣味のアイスホッケーチームが多く存在しているそうです。そういう「始めやすい」雰囲気を醸成することも今後は取り組むべき課題となります。多くの種目で未経験者が競技を始めやすい環境が整えば、大人のマルチスポーツも自然と浸透していくはずです。

マルチスポーツは、若年層に対してはまだ知らないスポーツの多様性に触れることで心身の健全な成長を促し、現在と将来のスポーツ市場の拡大に貢献します。シニア・エルダー層に対しては楽しみとしていろいろなスポーツを経験でき、健康維持につながります。どの年代層にも大きな役割を果たすことになるでしょう。

見に行く人はすでにそのスポーツに参加している

スポーツ庁は、スポーツへの関わり方を「する、みる、支える」に分けており、それぞれで施策を打ち出しています。しかし、スポーツの現場を見れば、必ずしもその3つに分けて考える必要はないのではないかと考えられます。

もちろん、プロスポーツにおいては、さまざまな施策を検討する際に、役割を切り分けたほうが適切なこともあります。しかし、地域社会におけるスポーツでは、そこまで厳密に分けて考える必要はないでしょう。なぜなら、あえて境界線を曖昧にすることで、スポーツ全体のすそ野を広げられる可能性があるからです。

あるスポーツを「みる」人の中には、「する」人は当然含まれますし、以前にそのスポーツをしていた人や、これからやってみたいと思っている人も多く存在するはずです。そういう人たちを上手に「する」側に取り込んでいくことが重要です。

例えば、友人の草野球の試合を応援に行ったところ、急遽プレーヤーとして参加することになった、ということがあれば、それはみる人とする人の垣根が大きく下がったと言えます。

さらに、テクノロジーの活用も有効な手段となり得ます。例えば、試合ができる施設への案内と試合への参加申し込みをシームレスに行えるようなアプリがあれば、休日にスポーツ観戦に出かけたついでに、自らも気軽に参加してみる、というように、より多くの人々がスポーツに親しむきっかけを得ることができるはずです。

このように考えると「みる」人たちは、すでにそのスポーツに参加しているとも言え、「する」への敷居は低いものになります。このような視点に基づいた施策で、新たなスポーツを始める人を増やしていくことも今後必要になるのではないでしょうか。

シングルスポーツとマルチスポーツ、それぞれの価値

我が国ではマルチスポーツという言葉が急激に浸透し始めたことで、マルチスポーツとシングルスポーツを比べて、優劣や善悪を問うような風潮が見受けられます。しかし、これは大きな間違いです。

マルチスポーツにはマルチスポーツの価値があり、シングルスポーツにはシングルスポーツの価値があります。そこに優劣等存在しません。

シングルスポーツもマルチスポーツも、選手個人が何を目的とし、どちらの取り組みがフィットするかによって自由に選択できるものでなくてはなりません。社会にはどちらも存在すべきであり、それぞれは別の役割を果たしていくものなのです。

どんな形であれ、スポーツを自分なりに楽しむ人が増えていくことが最も望ましいことなのです。

ハードとソフトの連携をつくる

コンテンツとしてのスポーツとハードとしての設備

第1章で、スポーツ庁のスタジアム・アリーナ改革により、スポーツを「みる」ことを重視した施設が全国に建設されていることに触れました。

スタジアム・アリーナ改革に関わっている施設は、大部分がプロスポーツチームの本拠地となっています。

プロスポーツチームの試合にはシーズンがあり、当然ですが、シーズンオフには試合がほとんど行われません。また、我が国で最も年間試合数が多いＮＰＢ（日本野球機構）は、年間１４３試合ありますが、半分はビジターで他球場での試合で、さらに地方球場での開催もあるため、ホームゲームは70試合ほどです。Ｊリーグ、Ｂリーグだと、ホームゲームは年間約30数試合となり、1年のうち３００日以上は観客を動員できない日となります。この３００日でどのような稼働ができるか、または、稼働できなくても収益を得るためにはどうすればいいのかを丁寧に考える必要があります。

名称	所在地	種目	チーム
ES CON FIELD HOKKAIDO (エスコンフィールド HOKKAIDO)	北海道北広島市	野球	北海道日本ハムファイターズ
FLAT HACHINOHE	青森県八戸市	アイスホッケー	東北フリーブレイズ
横浜文化体育館再整備事業	神奈川県横浜市		
桜スタジアム（大阪市立長居球技場）	大阪府大阪市	サッカー	セレッソ大阪
東大阪市花園ラグビー場	大阪府東大阪市	ラグビー	花園近鉄ライナーズ
ノエビアスタジアム神戸（神戸市御崎公園球技場）	兵庫県神戸市	サッカー	ヴィッセル神戸
		サッカー（女子）	INAC 神戸レオネッサ
		ラグビー	コベルコ神戸スティーラーズ
アシックス里山スタジアム（FC 今治新スタジアム）	愛媛県今治市	サッカー	FC 今治
ミクニワールドスタジアム北九州（北九州スタジアム）	福岡県北九州市	サッカー	ギラヴァンツ北九州
SAGA アリーナ	佐賀県佐賀市	バスケットボール	佐賀バルーナーズ
京都府立京都スタジアム (サンガスタジアム by KYOCERA)	京都府亀岡市	サッカー	京都サンガ F.C.
オープンハウスアリーナ太田（太田市総合体育館）	群馬県太田市	バスケットボール	群馬クレインサンダーズ
沖縄アリーナ	沖縄県沖縄市	バスケットボール	琉球ゴールデンキングス
長崎スタジアムシティ（2024 年秋開業予定）	長崎県長崎市	バスケットボール	長崎ヴェルカ
		サッカー	V・ファーレン長崎
IG アリーナ（2025 年夏開業予定）	愛知県名古屋市	バスケットボール	名古屋ダイヤモンドドルフィンズ
TOKYO A-ARENA（仮称・2025 年秋開業予定）	東京都江東区	バスケットボール	アルバルク東京
川崎新アリーナ（仮称）（2028 年秋開業予定）	神奈川県川崎市	バスケットボール	川崎ブレイブサンダース
等々力緑地　球技専用スタジアム、新とどろきアリーナ (2029 年開業予定)	神奈川県川崎市	サッカー	川崎フロンターレ

スタジアム・アリーナ計画で整備された、あるいは整備予定の施設とプロスポーツチームの関係

チームの成績やスポーツ自体の人気、あるいは災害等の事態に収入が左右されることがあるため、プロスポーツの興行に依存しすぎることは避けなければなりません。地域の振興を考える時に、年間で開催回数が限られている試合だけに頼っていては、成果は限定的なものになるでしょう。

多くの施設では、他競技の試合を開催することに加え、音楽コンサート、展示会・ビジネスショー等を開催することで稼働率を上げることとしていますが、一般的にプロスポーツのホームになるような大型施設でのイベント開催は東京・大阪・愛知等の大都市圏に集中しており、地方では誘致が難しい状況があります。

地域が抱える課題や、誘致、発展させたいスポーツの種類、また、現在使用可能な施設があるかどうか等で、プロジェクトの成立条件は全く異なります。地域における最適解を生み出せるかどうかが、成否の分かれ目となるでしょう。

官民連携モデルを成功させるために

地域振興に結びつくスポーツのあり方を語る上で、新しい官民連携モデルによる組織の作り方についての模索、試行錯誤は注目すべきポイントです。

スタジアムやアリーナが建設、運用される場合、民設民営だとしても土地の確保や地域住民の理解醸成、補助金の確保、税制優遇の適用等も含め、基本的には官民が連携するプロジェクトにより計画が進められることになります。そこでは、双方が求めているものと、その最適解を見つけることがとても重要になります。

一般的に自治体が求めているものは、地域の課題解決とコストや人員の削減であり、民間企業が求めているものは営業利益と社会貢献です。

微妙に重なっているようですが、具体化するほど違いが浮き彫りになっていきます。そのような中で、官と民で折り合いを付けていくためには、密接なコミュニケーションが重要な役割を担います。

第2章で紹介したフラット八戸の事例では、自治体が抱える課題を解決しつつ、民間が施設を維持し、営業活動を行える仕組みを独自に作り上げることに成功しています。

クロススポーツマーケティングの中村氏はフラット八戸の成功に関して、自治体側にチャレンジしようという先進性や推進するためのリーダーシップがあったこと、地域の理解があったことお前提に、そこで官民が連携しながら密接なコミュニケーションを取り続けることで、今までにないスキームを実現できたと語っています。

ただ、他の自治体の成功例は参考にはなるかもしれませんが、そのまま転用することは難しいでしょう。自治体の特色を検討し、地域ならではのスキームを生み出し、ステークホルダーがそれぞれ納得できるベネフィットを得ながら、プロジェクトへの意欲を保ち続けることが重要になります。

この「意欲を保ち続ける」というのが、もしかすると最も難しいことかもしれません。自治体の長は早ければ数年ごとに入れ替わり、官も民も担当者の入れ替わりは避けられません。さらに施設は完成後、数十年維持を続けることとなりますが、その間に地域のニーズや社会情勢等は刻々と変化します。

これは官民連携での施設整備だけに限ったことではありませんが、さまざまな変化が起きることは当然と受け止め、チーム側も柔軟に変化を受け入れながら成長を続けることが必要になります。

事例：官民が連携した、施設の整備とまちづくり
エスコンフィールドＨＯＫＫＡＩＤＯ（北海道北広島市）

■自治体が誘致し、民間が整備、運営

エスコンフィールドＨＯＫＫＡＩＤＯは、北海道ボールパークＦビレッジ（Ｆビレッジ）の中心であり、北海道日本ハムファイターズの本拠地として２０２３年3月に開場したボールパークです。日本ハムファイターズにとっては２０２２年シーズンまで本拠地としていた札幌ドームから移転し、自前の球場を保有した形となりました。

北広島市が総合運動公園予定地を球団に貸与し、球団が主となりスタジアムを建設しました。施設の保有・運営は球団とその親会社である日本ハム株式会社と、電通、民間都市開発推進機構が出資した株式会社ファイターズ スポーツ＆エンターテイメントが行っています。

試合開催日は入場券が必要（コンコースで試合観戦が可能）ですが、試合開催のない日は入場無料で施設を利用できます。野球の試合がない日でも商業施設は営業しており、ショップや飲食店のほか、野球場が見渡せるホテルや温浴施設等、訪れた人が楽しめるさまざまな施設が用意されています。

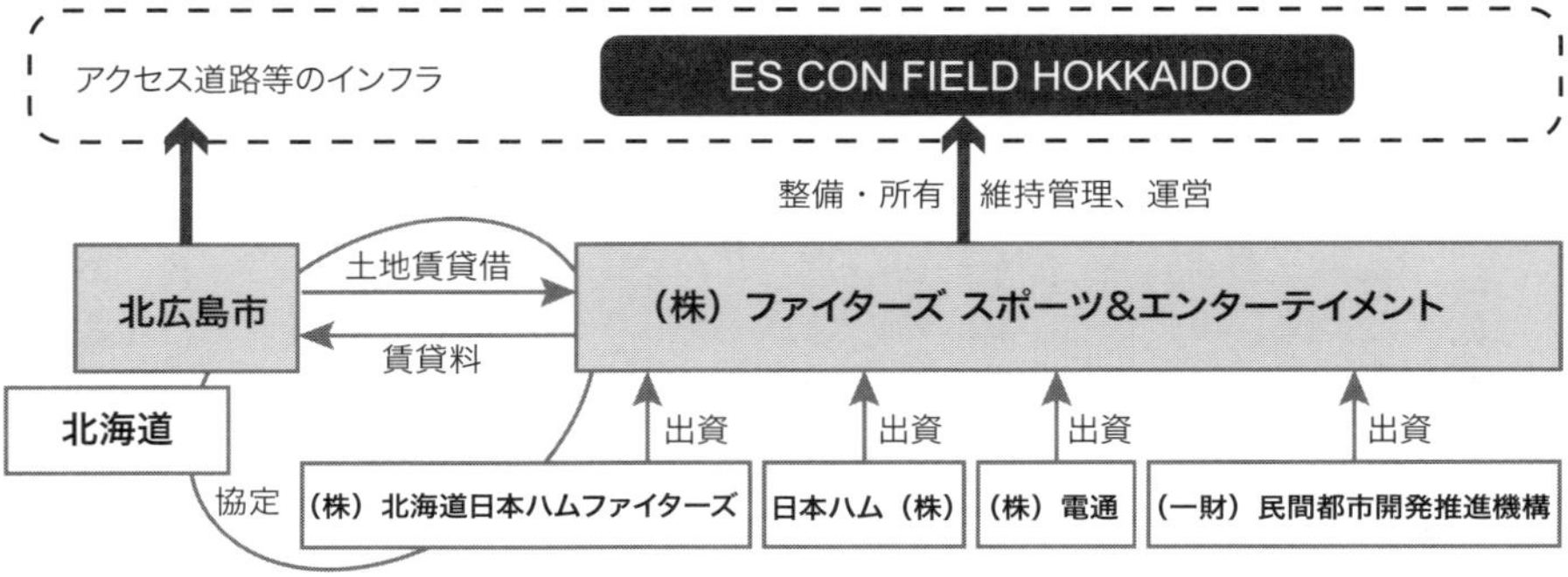

エスコンフィールド HOKKAIDO の事業スキーム
出典：スポーツ庁資料

ファイターズ スポーツ&エンターテイメントによると、2023年3月12日プレオープンから12月31日までの295日間で、Fビレッジには346・4万人（1日平均11,745人）が来場し、なお、シーズン中の来訪者の約3割が野球観戦以外の目的で訪れているとされています。

開業1年目の売上は251億円、営業利益は36億円と発表されています。その金額は新型コロナウイルス感染症の感染拡大前の2019年札幌ドーム時代との比較で、売上高で93億円、営業利益で25億円以上の増加となっています。

■変化しつづける北海道ボールパークFビレッジ

エスコンフィールドを中心として、そのまわりに約32ヘクタールという広大な敷地面積を持つ北海道ボールパークFビレッジは、野球以外の参加型アクティビティやイベントを提供し、観戦目的以外での誘客を積極的に行っています。

北海道という立地を生かして、冬期にはスキーや雪遊びが楽しめる「FVILLAGE SnowPark（エフビレッジ スノーパーク）」を期間限定でオープンし、スキー初心者や子ども向けの雪遊び等が手軽に体験できる等、オールシーズンで楽しめる施設を有しています。

野球観戦をきっかけに、道内、道外からの来訪者に向けてさまざまなサービスを提供することによる、ファン、パートナー、地域住民が一緒になったコミュニティの醸成が狙いとしてあり、コミュニティを通じて、地域社会の活性化や社会への貢献につながる〝共同創造空間〟を目指しています。

ファイターズ スポーツ＆エンターテイメントは２０２３年10月10日に、北海道医療大学と北広島市と共に、共同街づくりに関する三者基本合意を締結しており、現在は駐車場として使われている約１・８万㎡の敷地に総事業費約４２０億円を投じて大学キャンパスや病院等を新設し、２０２８年度の開設を目指しています。

また、北広島市は球場から徒歩４分の場所にＪＲの新駅を設置することを発表しています。こちらも２０２８年夏に開業を予定しています。

まちづくりは始まったばかりですが、将来に向けて市民にとってなくてはならない場所へと変化し続ける計画を持ち、官と民が協力しながら、着々と実現に向けた手を打ち続けていることが特徴となっています。

参考資料：２０２４年 Nipponham IR Day 資料
日経Ｘｔｅｃｈ「日本ハム新球場」驚異の1年目決算、３００万人達成の先に描く成長ビジョン

事例：ゼビオアリーナ仙台（宮城県仙台市）

ゼビオアリーナ仙台は、仙台市の再開発事業で整備された「あすと長町」に整備された多目的アリーナです。球技を中心としたプロスポーツのほか、コンサートやコンベンション等にも多様に対応でき、プロバスケットボールチーム「仙台89ERS」の本拠地となっています。

■街の再開発事業とアリーナ

仙台市内の大規模再開発事業である仙台副都心「あすと長町地区」は、1993年に当時の大蔵省より土地区画整理事業地区に採択され、2013年に事業が完了しました。

現在アリーナがある土地は都市再生機構が2008年に売却を予定していましたが、リーマンショックの影響で延期となり、未利用のままになっていました。そこにゼビオホールディングス株式会社による多目的アリーナ建設事業が採用され、2012年に竣工しました。

土地は都市再生機構と20年間の定期借地権契約を締結し、施設の所有はゼビオ株式会社です。運営に関してはゼビオをはじめ、地元スポーツチーム、地元マスコミ、地元企業等を含む14社による有限責任事業組合（LLP）が担う「民設共営」モデルをとっています。

■市立病院の移転で「スポーツと健康」エリアに

アリーナがある「あすと長町」はＪＲと地下鉄、２駅３路線が利用できるアクセスの利便性の良さに加え、商業施設や医療施設、子育てに関する施設も充実し、市内でも住みやすい街として人気のあるエリアとなっています。

アリーナの近隣にはスーパースポーツゼビオを初めとするスポーツ用品店や地元のフィットネスクラブ、さらにフットサル、テニス、バスケットボールといったスポーツ施設や仙台８９ＥＲＳのオフィス・飲食店・美容・健康・保育園等15のテナントで構成される「ｋｈｂ東日本放送ぐりりスポーツパーク」があり、多様なスポーツを楽しめます。

また、２０１４年に仙台市立病院が施設の近隣に移転してきたことに伴い、周辺に医療モールや老人福祉施設等が開業したことで、スポーツやヘルスケアに関する施設が集積する地域となっています。

■仙台市と「スポーツ振興を通じたまちの活性化に関する連携協定」を締結

ゼビオアリーナ仙台を所有するゼビオホールディングス株式会社と仙台市は２０２３年にアフターコロナにおける街の活性化に向けて、地域における多様なスポーツ資源を生かした新たな魅力やにぎわいの創出、市民の健康増進等を図ることを目的として、連携協定を締結しました。

この協定に基づき、ゼビオホールディングス株式会社はゼビオアリーナ仙台を30メートル×60メートルサイズの国際規格に適合した通年型のアイスリンクと屋内競技等に対応したアリーナの併用型施設に改修した後、仙台市に条件付きで寄付することを決定しました。フラット八戸と同様に可動式の断熱床を使用することで、アリーナとしての利用も継続します。

参考資料：仙台市Ｗｅｂサイト　「ゼビオアリーナ仙台の改修及び管理運営に関する基本協定」を締結します（発表資料）

スポーツによる地域振興の種を育てる

沖縄のバスケットボールや八戸のアイスホッケーのように、スポーツには地域性があります。住民は自分の町でどのスポーツが盛んなのかを当然知っていますが、当たり前すぎて、そこに価値や課題を見いだしていない可能性があります。地域振興とスポーツを結びつける時には、そのような隠れた価値やニーズを見つけ出し、活用していく姿勢が重要です。

それは、大規模な施設やクラブの運営だけでなく、地域のスポーツクラブの運営でも同様です。スポーツを長く楽しむためには、当事者たちが長く続けられる仕組み作りに積極的になることが必要です。規模が小さいほど属人的になりがちですが、小さなことから改善を積み重ね、支える人たちの負担を減らすことを心がけることで、皆がより楽しめて、新メンバーも入りやすい団体へと進化することができるでしょう。

また、一見スポーツと関係のない産業でも、アイデアひとつで関連を持たせることが可能だという例も紹介しました。我が国はスポーツ産業の発展についてスロースターターでしたが、その分ビジネスチャンスは多くあるという考え方もできるのです。

我が国におけるスポーツと地域振興への取り組みはまだ始まったばかりです。地域に落ちているスポーツの「種」をひろい、ていねいに育てることで、スポーツが盛んで住民が健康な町が、全国各地につくられていくのだと思います。

第5章

対談
これからのスポーツと地域振興：スポーツが日本を活性化する

中村考昭
クロススポーツマーケティング株式会社　代表取締役社長兼執行役員

神成淳司
慶應義塾大学　環境情報学部 教授
内閣官房、イノベーション戦略調整官／健康医療戦略室次長

マルチスポーツがもたらす未来への価値

神成　今回、「スポーツと地域振興」と題してゼビオグループ様からの寄附講座を開講いただき、ありがとうございます。中村さんを始めとして、スポーツ産業の現場に携わる先生方のお話は大変興味深いものでした。

改めて今回は「これからのスポーツと地域振興」と題しまして、講義で触れられた話題やその他の内容について、さらに深くお話しできればと思います。

まずは、マルチスポーツについて。これまで我が国では、幼少期から1つのスポーツに打ち込む「シングルスポーツ」が主流でしたが、最近では複数のスポーツを経験する「マルチスポーツ」の価値が徐々に認められ始めています。

中村　特に若年層に対しては、特定のスポーツに特化することもひとつの選択肢ですが、いろいろなスポーツを経験することで、結果的に本人が好きなスポーツを選びやすくなります。例えば、野球が自分にあわなくても、バスケはあうかもしれない。けれど、シングルスポーツだとその可能性もなくなってしまいます。そういう意味で、なにかひとつの種目に絞る前の段階として、マルチスポーツが大きな役割を果たすと思っています。

色々やってみた結果、スポーツ以外の音楽や映画等、全く異なる分野に進むきっかけになるかもしれません。それもありだと思います。

神成　ただ、どの地域にとっても少子高齢化が進行していくことは変わりなく、そもそもチームでやるスポーツが成り立たなくなってきています。これはマルチスポーツを実践する機会を減らしているとも言えます。

中村　逆に考えると、1人が複数のスポーツをやることで、複数のスポーツにおいてチームの人数を確保できるようになる、という可能性もあります。そうすれば、少子化によるチームの衰退を防ぐことができるかもしれません。

また、マーケティング、ビジネスの観点で言えば、1人が複数のスポーツを行うことで、市場が拡大しますよね。例えば、2つのスポーツを行えば市場は倍になりますし、3つのスポーツを行えば3倍になるわけです。サッカーとバスケットボールではボールもシューズも違いますから。スポーツ産業に属する人間としては、そこは重要なポイントになります。

神成　成人やエルダー層に対しても、健康やライフスタイ

ルの一環として、マルチスポーツがフィットする場合がありますね。

中村　そうですね。ただ、特にエルダー層に感じるのですが、スポーツをする際に「うまくなければならない」とか、「練習を重ねて完璧に仕上げなければならない」「やるからには勝たねばならない」「歯を食いしばって頑張らなければならない」という雰囲気があります。

しかし、年を重ねるにつれ、スポーツは勝ち負けのためではなく、ライフスタイルの一部として、健康維持や余暇の楽しみ、コミュニティ形成、そして刺激を求めるといった目的に変わってきます。こうしたフェーズに入ると、マルチスポーツの方がむしろ適しているのではないかと考えています。プロを目指すわけでもなく、趣味として楽しむためにスポーツに取り組むのですから、いろいろなスポーツを気軽に体験できることが大きな価値を持つと思います。

神成　個人競技は取り組みやすいですよね。特にランニングやマラソンのような競技は、

デバイスひとつあれば始められて、リアルタイムでタイムを確認しながら進められます。しかし、チームスポーツに関しては、始めるきっかけが少ないのが現状です。集団でプレーする機会が少なくなっていて、これがひとつの大きなハードルとなっているのではないかと感じます。

中村　チームスポーツでは、用品や用具が色々と必要になることも難しいところだと思います。例えば、野球ならボール以外にもバットやグローブ、ミット、キャッチャーの防具等が必要で、これが団体系の球技系スポーツにおけるもうひとつのハードルを生み出しています。ダブルハードルですね。

神成　さらに、団体競技には自分が足を引っ張ってしまうリスクが伴います。個人競技であれば、自分のペースでデバイスを使って上達することが可能ですが、団体競技では他のメンバーとの競技レベルがあっていないとやりづらい、自分が足手まといになってしまうのではないか、という心配をしてしまいます。それが地域スポーツにおいて参加のハードルとなっているので、トリプルハードルと言えます。若年層のときにその競技を経験している人は比較的入りやすいかもしれませんが、経験がない人やあっても自信がない人にとっては参加しにくいですよね。これは非常にもったいないことだと思います。

中村　例えば、野球の経験者は多いですが、その人の競技レベルはまちまちですから、ブランクのある人が野球に復帰するのは、かなりハードルが高いと思います。そこで、復帰しやすく、参加しやすくするために、私たちが主催している「ゼビオドリームカップ」というアマチュアの軟式野球大会で、チーム単位での参加とは別に、個人で参加希望者を募っています。地区ごとに集まった人たちでチームを編成して大会に参加できる仕組みです。

あとは、私たちが運営しているフラット八戸がある青森県八戸市は、アイスホッケーがとても盛んな地域です。八戸市には「青森県素人アイスホッケーリーグ」という、その名のとおり、素人だけで編成されているアマチュアリーグがあります。競技レベルで6クラスに分かれていて、競技経験者が集まるチームから大人になってから始めた人が集まるチームまで、それぞれのクラスで戦っています。

アイスホッケーは用具の準備、競技の難易度等、トリプルハードルの極みのような競技ですが、このようなリーグが成立しているのを見ると、大人になってから始めるという難しさを解消できる何らかの仕組みを用意する必要があるというのを感じます。

神成　やはり、すそ野を広げる努力が大切ですね。

しかし、運動していない人に運動させるのは本当に難しい。例えば、全国の自治体で健康増進プログラムが行われていますが、成功しているところはほとんどありません。なぜなら、元々運動している人たちが参加するだけだからです。これは、どの企業や健康保険組合でも直面している問題です。

この状況を改善するには、どうやってモチベーションを高めるかが重要です。個人スポーツは始めやすいですが、1人で続けるのは難しいという側面があります。他者との交流が介護予防や健康維持につながるという点で、チームスポーツが1つの大きなきっかけになるかもしれません。

我々の世代はマルチスポーツを本格的には経験していませんが、サッカーやソフトボール、バスケットボール等、いくつかの種目は子どもの頃に少しは触れたことがありますよね。誰でも、経験したスポーツの中で得意だったもの、好きだったもの、苦手だったものがあったはずです。我々の世代がそうした経験を思い出しながら、どのようにしてスポーツに取り組んでいくかが直近の課題だと思います。

そして、次の世代にどのようにしてスポーツのきっかけを与えるかを考えることが必要です。若い世代がゼロから始めるのではなく、自然にさまざまなスポーツを楽しむことができる環境を整えることが大切です。

スポーツにデバイスが果たす役割

神成　高齢化が進む中で健康長寿のためにスポーツに取り組む人が増え、すそ野が広がっていくことにデバイスやテクノロジーが役に立っています。

先ほども言いましたが、ランニングやマラソンといった競技なら、スマートフォンやスマートウォッチ1つで始められます。

中村 スポーツは極めてフィジカルなものですが、スマートウォッチ等で簡単に計測できるようになってきたことでモチベーションが続きやすくなり、スポーツを楽しむことが容易になってきました。

今までスポーツを始めるには大きなハードルしかなかったものが、最初の一歩が踏み出しやすくなりましたね。アプリの種類も多様化し、より多くの人に適合するようになったことで、次のステップにも進みやすくなりましたし、2歩目、3歩目、4歩目と進めていく時に、高いクオリティを維持できるようにアジャストもできるようになりました。

高品質なトレーニングやデバイスによって、広がりと深みの両方が提供されるようになっています。それが、カスタマイズやパーソナライズされた形で提供されることで、スポーツに対するテクノロジーやデバイスの意味が一層大きくなっていると思います。

神成 アプリはチーム運営面でも進化していますね。マッチングやチームビルディングをアプリがサポートしてくれる時代がようやく到来しつつあります。

中村　クラブや地域のスポーツを運営する人は人が楽しく集まりやすい場を作ることが役割です。練習や試合で人と人が直接顔を合わせる頻度が高い、継続性、持続性が大切なコミュニティを維持していくことになりますが、密度が高い分、運営者の負担は大きなものになります。

アプリのマッチング機能やサポートツールを活用することで、出欠確認や練習試合の相手探し等の手間が軽減されて、地域スポーツやコミュニティスポーツ、よりライトなスポーツが維持・発展・継続しやすくなると考えます。

例えば、３人制バスケットボールの「３ｏｎ３」のように、街角にあるバスケットコートで自然に人が集まり、相手のレベルを見ながら試合をするスタイルがあります。ニューヨークの街角では、そうした即席のコミュニティスポーツが盛んに行われています。テクノロジーを活用することで、こうした仕組みをさらに発展させることができると思います。

神成　施設の予約や機材管理もオンラインで行えるようになれば、さらに運営は楽になります。現状、地域の運動施設等をアナログで管理しているために、結果として一部の人たちだけしか利用できないという状況も起きています。そのあたりもデジタルで管理して予約が簡単にできるようになれば、利用率も上がるし、利用者にとっても予約の手間等を低減できるようになるのではないでしょうか。

これまではチームの運営が非常に大変で、特に運営者が古いやり方に固執していると、新しい手法やトレーニング方法を取り入れることができませんでした。まだ完全にデジタルにシフトできていない部分もありますが、今後は地域でのスポーツ活動もアプリの支援を受けることで、より広がりを見せるのではないかと思います。

スポーツを「支える」役割の大きな負荷

神成　スポーツ庁等が提唱する「する」「みる」「支える」という役割分担については、本質的には分けるべきではないと私は思っています。確かに、プロスポーツレベルになると「する」側に回るのは難しいかもしれませんが、これからの地域スポーツを考えると、少しでも「する」ことが重要で、そのスポーツを支えることにもつながります。団体競技では特にそうで、プレーするからこそ観戦も楽しめると思うのです。だから、これらを分けて考えるべきではないと思います。

スポーツのすそ野を広げるためには、「する」「みる」「支える」が一体となることが大切です。例えば、普段は観戦している人が選手不足に気づいたときに、アプリで登録して「俺も参加するよ」となる。それ自体がスポーツを支える行為です。こうした一体感を持つことが、今後のスポーツの在り方にとって大きなメリットになると考えています。

チーム管理や試合の運営をアプリで行えるようになってきていますが、さらに審判の仕事を減らすことも可能です。例えば、野球では投球のスピードやコースをリアルタイムで分析していますが、こうした技術を他のスポーツにも応用することができます。

中村　日本での「支える」領域は、多くがボランティアによって成り立っています。審判や選手の管理、グラウンドの予約等も含め、この領域は人の労力に依存している部分が大きいです。

ですから、この部分の利便性を高め、ボランティアに頼らない仕組みを作るべきだと思います。例えば、用具を保管する倉庫の鍵の管理をボランティアの方が担当する代わりに、スマートキー等のテクノロジーを活用することで「支える」領域の属人性を減らせます。このような考え方が、スポーツの未来を変えるポイントになるのではないかと思います。

一番の問題は、「支える」という役割にはリターンがほとんどないことで、だからこそボランティアに頼ることになってしまいます。地元の子どもの大会やシニアの大会でも、ボランティアとして参加するのは、よほどそのスポーツが好きな人だけです。しかし、そういった人たちに過度に負担がかかれば、いずれ離脱してしまいます。さらに、子ど

もがスポーツを始めると、親も強制的に付き合わなければならないという状況が生まれます。

これを改善するためには、まず「支える」環境を底上げし、やりやすい状況を作ることが必要です。そうすることで、「する」や「みる」環境も自然に改善されていくはずです。

神成　「支える」領域には、技術やサービス、仕組み、そして行政的な補助がもっと強く投入されるべきです。大会やイベントを運営する際に一番コストがかかるのは、結局サポートスタッフの人件費です。この部分をいかにミニマムにするかが、持続可能性の鍵になります。

一方で、学校の部活動では、顧問の先生が大変な負担を強いられています。残業が月に１００時間を超えることもあると聞きます。その時間を減らし、学校が浮いた残業代でカメラやデータ分析の技術を導入すれば、先生の負担を軽減しつつ、部活動の質も向上させることができるでしょう。

このような技術の力で、地域スポーツや学校の部活動の運営が劇的に変わるはずです。新しいテクノロジーを積極的に取り入れて、より効率的で楽しいスポーツ環境を作り上げることが、今後の課題だと思います。

ハードとコンテンツの絶妙なバランスが地域を活性化する

中村　スポーツによって地域社会全体にブレイクスルーを起こすためには何らかの仕組みが必要で、そのための必要な要素は、コンテンツ（スポーツそのもの）とハードウェア（施設等）の2つです。

地域社会にとって必要なのは、コンテンツの拡充なのか、ハードウェアの拡充なのか。その組み合わせはとても多様ですから、コンテンツありきの議論でも、ハードウェアありきの議論でもありません。どっちが上か下か、先か後かという問題でもなく、相互作用を生み出すことが必要です。地域が持つ特徴やシチュエーション、歴史等によって、状況が大きく異なるため、それにフィットさせる必要があります。

例えば、八戸市のアイスホッケーをコンテンツとした取り組みは、コンテンツとハードウェアの組み合わせがとてもうまく機能し、相互作用でブレイクスルーを起こした事例です。

八戸市はもともとスケートやアイスホッケーがとても盛んな地域でした。そうした八戸市に私たちが関わっていこうとしたタイミングでは、古くなった施設の閉鎖で場が足りなくなっており、アイスホッケー、アイススケートができるアイスリンクが切実に求められていました。つまり、とても高い市場ニーズが生じていたわけです。このように市場に強いポテンシャルがある場所では、何がフィットするのかを考え、不足しているものを提供することが解決策になります。

フラット八戸は通年型アイスリンクをベースとしながらも、断熱フロアを重ねることで様々なアリーナスポーツやコンサート・コンベンション等にも使える、日本初の多目的アリーナとして整備されました。アイスリンクへの強いニーズと多目的利用のニーズに応えたことで、1つのターニングポイントとなりました。

逆に、ハードウェアが既に存在していて、コンテンツが不足している地域なのであれば、コンテンツとして、地域特性を鑑みたスポーツを提供していくことになります。

神成 フラット八戸の官民連携モデルは素晴らしいものですが、それが世の中を探しても他にない、新しい形の官民連携のモデルになっている要因は何でしょうか。

中村 1つには自治体である八戸市のトップである市長、市役所の職員の方々、市会議員の方々のなかに新しいことや未知のことに対するチャレンジへの意欲、解決に向けて一歩を踏み出すのだという強い意志、先進的な考え方、判断の鋭さがありました。

もう1つは現在の官民連携が成り立つプロセスの中で、地域社会の皆さんが理解を進められるよう、ていねいなコミュニケーションが行われたことです。

八戸市は自治体としてリーダーシップを持って、成立のために必要な要素を明確にわかりやすく提示し、地域社会に理解を求め、それを成し得たということが素晴らしいと思います。

そして、民間の側である私たちも、八戸市のスポーツへの想いと考えを実現するための最適解に近づけるよう協力し、持っている力をうまく組み合わせ、立ち上げ時期の体制や運用の体制を作っていくことに注力しました。この点も、他には見出すことができない新しいモデルを生み出す原動力になったと思います。

八戸市の官民連携モデルは官の持っていた考え方や推進力だけでなく、民間からも同じ想いを持って、考え方をすり合わせた結果、実現したことだと思います。

スポーツを起点としたまちづくりに必要なもの

神成　八戸市ではそうして官と民が組み合わさった結果、新しい官民連携モデルが産まれたわけですが、私が見ていて思うのは、プロジェクトの立ち上げ期、運用期（維持管理期）等のフェーズごとに官と民に求められることが異なるのではないか、ということです。

そこには官と民のどちらかがリードしなければならないとか、どちらかがパワフルでなければならないというような、決まった役割があるわけではないと思います。

立ち上げ期は、お互いの持つ能力や力量を知るために、新しい接点のあり方や最適な組み合わせを模索する時期でもあります。この時期には、官も民も強い姿勢で取り組むことが必要で、大きなパワーと熱量が求められます。

そして、運用期に入ってからは、それこそ、自治体側では担当者が交代します。両者が熱量を持って模索した立ち上げ期を知らない人が担当するようになっても、基礎になった考え方に即して推進していくパワーとコミットメントが必要になります。

これらの要素が、官民連携モデルを考える上で非常に重要であり、同時に困難なポイントではないでしょうか。民間だけであれば、最適な人材をリーダーに据えてその人を中心に責任を持って進めることができますが、官民連携モデルでは、立ち上げ期と運用期を分けて考えることが重要だと考えます。

中村　スポーツに関わるコンテンツとハードウェアは、3～5年や10年といった期間ではなく、何十年というスパンで地域に深く関わりを持ち、継続していく必要があります。

その間に変化していく要素はとても多く、担当者も入れ替わっていきます。

八戸市でも私たちが関わって以来、既に市長が交代し、市の担当部署では異動により部長が5回、課長や職員も定期的に替わっていきます。

民間である私たちも会社を運営していくなかで、新しいスタッフの入社、転職・退職は当たり前にありますし、人事異動が発生します。

こうした環境のなかで、作り上げた官民連携モデルを維持、継続していくには、官民がお互いの理解をさらに深めるためのコミュニケーションがより重要になっていきます。

また、立ち上げ期に見出した、官民が手を携えたからこそできた成果を、その後も両者が同じ方向を向いてしっかりと実現しているのかを理解し確認できていることが大切です。

これを長く継続していくためには、自分たち自身が変化していけるのか、成長していけるのかという視点が必要です。

神成　マルチスポーツが話題になっていることもそうですが、今はスポーツそのもののあり方が大きく変わってきている時代です。

その時代に考えていかないといけないのは、現在あるコンテンツやハードウェアを現状のまま維持管理をしていくことではなく、数年おきにやり方の見直しを前提とした体制を構築できるのかどうか、ということですね。

この視点は将来に向けて、ますます重要になっていきますね。

中村　変化が激しい時代において、コンテンツやハードウェアは、状況と共に進化し続け

る必要があります。

例えば、エスコンフィールドＨＯＫＫＡＩＤＯは初期の形としていったん完成しましたが、今後20～30年間をかけて「街づくり」を進めていく長期計画とされています。現在の形から、施設の新たな建設や既存施設の用途変更、その後のリノベーション等を含めて、常に変化させていくことが前提となっています。

人が集まる場所は集まってくる人たちによって変化していきます。コンテンツであるスポーツも影響を与えたり、受けたりするでしょう。施設に求められることも変わっていくでしょう。そうした変化を積極的に取り込み、自ら変わっていくこと、あり方を模索し続けることを前提とした取り組みであることが従来とは異なる運営を産み出すことになります。

神成　官民連携モデルではそれぞれが、最初の数年間は果たさなければならない役割を務め、次のステージ、運用につないでいく。次のステージはより地域に根ざしたものとなり、街づくり大きな影響を与えていく。地域社会が大きく変化していく時代ですから、それにフィットできるように変化し続けていくことが当然のことだと思います。

中村　フラット八戸も、すでに隣接する場所にランニングコースとして利用できる公園が整備され、続いて東北最大級のトランポリンパークＢＯＵＮＸＩ（バウンシー）が完成しています。八戸の駅前エリアとして、さらに新たな機能が追加され、すでに変化が進んでいます。

新幹線等大規模な交通網が整備されると地域社会は大きな影響を受け変化していきます。同様にコンテンツとハードウェアを揃えて整備し、スポーツに参加できる仕組みが整うと、地域社会にいろいろな変化をもたらします。

そうしたスポーツがもたらす変化と地域社会そのもので起こっている変化は、一体となって地域によい効果を与えると思います。

変化が起こっている時には、その要因の1つとなったスポーツのコンテンツ、ハードウェアも、運営や仕組みが果たす役割も多面的にアジャストしていかなければなりません。

神成　それは当然、必要なことですよね。

以前はスポーツのためのハードウェア、施設というとスポーツに特化した特殊な場所であったわけですが、現在では地域社会のなかで果たす役割を強く意識して整備されなければなりません。

中村　特殊な場所であったというイメージがあるのは、日本ではスポーツのためのハードウェアの中身が変化してこなかったから、ということがあります。

高度経済成長期の同じものが2つ3つ、または2倍、3倍と作られていった拡大再生産の考え方から脱却してこなかったということです。

しかし、現在では社会、地域から求められることが大きく異なります。多様性、新規性が求められている時代ですから、多様なニーズ、多様な生き方、常に新しいもの、多様なあり方にアジャストできる施設や仕組みが必要とされています。

社会、地域から求められることが変わったので、スポーツ施設や仕組みもそれに合わせて、変わっていかなければならないというシンプルな話だと思います。

おわりに

本書では、スポーツを通じた地域振興の可能性について、多様な視点から掘り下げ、実際の事例を交えながら、その具体的なアプローチを紹介してきました。スポーツが単なる娯楽や競技の枠を超え、地域の経済を活性化し、住民の健康増進やコミュニティ形成を支える大きな力であることを、改めて実感していただけたのではないでしょうか。

本書全体を通じて強調してきた3つの視点は、地域振興において不可欠な要素です。「支えるスポーツ」の視点は、競技者や観客だけでなく、裏方として活動するスタッフ、地域住民、企業が一体となり、スポーツを取り巻く環境を整えることの重要性を示しています。「マルチスポーツ」の視点は、次世代を担う若者たちに多様なスポーツ体験を提供し、スポーツを通じた社会的つながりや体力向上を促進する重要性を強調しています。「ハードとソフトの共鳴」の視点は、スタジアムやアリーナといったスポーツ施設と、それを支えるイベントやプログラムの相乗効果が、地域経済の活性化に大きく貢献することを示しています。

これらの視点に基づき、今後もスポーツを通じた地域活性化がさらなる発展を遂げることを期待しています。スポーツが「みる」「する」だけでなく、地域を支え、未来を創る力として機能するためには、多くの関係者が協力し、新しい可能性を探ることが求められます。

本書が、スポーツと地域振興の未来を考えるきっかけとなり、読者の皆様にとって実践的な指針となることを心から願っています。そして、この知見が、より多くの地域でスポーツを通じた活性化の取り組みにつながり、地域社会の発展に寄与することを期待しています。

２０２４年9月吉日　残暑厳しき頃

装幀　　　　　やぶはなあきお
編集協力　　　永井里枝
編集担当　　　坂本達也　斎藤俊樹

スポーツによる地域振興
—その視点と具体的アプローチ—

2024年11月30日　第1刷発行

著　者　神成淳司　信朝裕行
発行者　前田俊秀
発行所　株式会社三修社
〒150-0001　東京都渋谷区神宮前2-2-22
TEL 03-3405-4511　FAX 03-3405-4522
振替 00190-9-72758
https://www.sanshusha.co.jp
印刷製本　日経印刷株式会社

ISBN978-4-384-07059-0 C3036